演讲力

掌控人生关键时刻

SPEECH

许晋杭 —— 著

人民日报出版社

图书在版编目（ＣＩＰ）数据

演讲力：掌控人生关键时刻/许晋杭著. -- 北京：
人民日报出版社，2020.8
ISBN 978-7-5115-6472-6

Ⅰ.①演… Ⅱ.①许… Ⅲ.①演讲—语言艺术 Ⅳ.
①H019

中国版本图书馆CIP数据核字(2020)第135717号

书　　名：	演讲力：掌控人生关键时刻
作　　者：	许晋杭
出 版 人：	刘华新
责任编辑：	袁兆英
封面设计：	异一设计
出版发行：	人民日报出版社
社　　址：	北京金台西路2号
邮政编码：	100733
发行热线：	（010）65369509　65369527　65369846　65363528
邮购热线：	（010）65369530　65363527
编辑热线：	（010）65363105
网　　址：	www.peopledailypress.com
经　　销：	新华书店
印　　刷：	河北盛世彩捷印刷有限公司
法律顾问：	北京科宇律师事务所 010-83622312
开　　本：	880mm×1230mm　1/32
字　　数：	168千字
印　　张：	8.75
印　　次：	2020年8月第1版　2020年8月第1次印刷
书　　号：	ISBN 978-7-5115-6472-6
定　　价：	49.00元

"晋杭总是喜欢把快乐带给别人,他的演讲能够让人感受到温暖与能量。"

——林志颖

我跟杭哥都是毕业于晋江紫峰中学的校友，每次我们回学校，领导都会开玩笑说："文有许晋杭，武有林超攀。"

记得有一次我们在北京吃饭，他很认真的跟我说："我要帮你写一篇演讲，让你夺冠后可以发表的经典演讲！这样你就必须夺冠了，不然我这篇稿件就浪费了。"

我知道，他在用这样的方式激励，但是说实话，这样的方式还挺有趣的，听他这么一说，感觉好像不拿冠军就对不起他一样。

我想，这就是语言的力量吧，会表达的人和不会表达的人，同样是表达鼓励，但是力量感却天差地别。

在我心中，杭哥是一个表达高手，希望杭哥这本书，能够帮助你在表达上，获得更多的力量。

——世界冠军、中国体操队队长　林超攀

有一次，我在澳门举办拳赛，赛前我有一段演讲。在过去，都是助理帮我写好稿件，然后我登台照着念。

突然在比赛前一个小时，我弟弟带了一名朋友过来，说是国内非常优秀的演讲教练。

起初我还没太在意，当他看完我的稿件后，说了一句话："我有信心让今晚的观众，离开这里后依旧记得你的演讲。"

随后，他把我助理写的演讲稿全部改了，然后用半个小时挖掘我的故事，再用半个小时训练我的演讲。

那天晚上的演讲效果到底如何呢？这么说吧，我妈妈在下面听完后都感慨："我从来都不知道我儿子这么能演讲……"

从那以后，我们就成了好朋友，经常在一起吃饭、探讨，他也是我在演讲上的私人教练。我非常清楚，我退役后的身份是一名商人，如果想在商界取得更好的成绩，离不开演讲，而晋杭是真正能帮我提高演讲的人。

今天我的好兄弟要出演讲书了，我由衷的开心，希望这本书可以帮助你打开演讲开关。

——奥运冠军　蔡良蝉

第一次见到晋杭是在一档综艺节目里，镜头中他穿着篮球吉祥物的衣服，跳着舞，动作夸张，丝毫没有被厚厚的衣服束缚。摘下头套，满头大汗，却仍然笑得阳光。

　　2014年，当时我正在参与筹备《超级演说家》，"CBA最佳吉祥物"、"正能量阳光男孩"，这些标签正是我所寻找的，所以辗转联系到了晋杭。

　　接触后，发现晋杭就和我在视频里看到的一样，乐观、开朗、精力充沛，能够给身边的人带来快乐。他总是积极地跟我讨论演讲的内容，一遍一遍修改措辞，是一个让人省心的选手，也是一个聊得来的朋友。最后凭借他的努力，也在节目中取得了不错的成绩，给全国观众留下了深刻的印象。

　　他是一个非常懂得感恩的人，这么多年过去了，每次我们在聊天的时候，他都会说《超级演说家》是人生的一次转折。于我来说，在北京那个外面还刮着沙尘暴的沉闷下午，在视频上发现并认识这个阳光男孩，又何尝不是生命里一段值得珍藏的回忆。

　　还记得晋杭在演说家第一次上台演讲的结尾：希望那些无法成为超人的朋友，能够在自己的人生道路上找到属于自己的英雄之路。

看着晋杭今天在事业上所取得的成就,我想说,很高兴,他找到了。

也希望他的这本演讲书,可以帮助更多人找到属于自己的英雄之路。

——《超级演说家》编导　赵天浩

跟晋杭兄弟认识好多年了，一路见证了他从演员到演说家的成长和蜕变。

我们经常交流演讲方面的心得，我也去听过他的课，看着他面对上千人侃侃而谈三天三夜，我知道他已经不再是当年那个参加《超级演说家》的青葱少年，而是成为了许多人心中的演讲导师。

听完他的教学，我觉得这些年一直从事演讲培训的他，已经有了一套自己的成熟的演讲、表达知识体系，相信这本书里描述的这些技巧，一定会让你学以致用。

——《*超级演说家*》冠军　崔永平

自 序

在我的演讲之路上,有三位老师对我影响非常大。

第一位是林志颖老师。

说实话,以前我从未想过有一天会走上演讲这条路。直到2014年,我有幸被邀请参加当时国内的一个热门电视节目——《超级演说家》。

作为演讲新人的我,虽然心里很激动,却也知道比赛时定会高手如云。参加初赛时,我就已经做好了被淘汰的准备。但没想到,林志颖老师竟然选择我加入他的战队。

我问老师:"为什么会选我?"

他说:"我感觉你以后一定会很了不起。"

我永远记得那一刻。从名利上讲,林志颖老师对我的青睐无疑让我获得了更多被媒体曝光的机会;从演讲技能上讲,我获得了一次弥足珍贵的挑战自我的机会。但对我来说,更重大的意义,是这次机遇改变了我的人生走向,帮我叩开了一扇新的大门。

可以说,林志颖老师不仅是我演讲路上的引路人,更是

改变我命运的贵人。如果没有他的慧眼,也就没有我后面的故事了。

第二位是陈建斌老师。

在《超级演说家》节目录制过程中,林志颖老师因为工作原因无法继续担任导师一角,节目组请来了陈建斌老师担任我们的新导师。

我永远都不会忘记那一次,在我准备登台前,陈建斌老师特意把我叫到一边,对我说:"晋杭,我刚刚想到了一种更好的表达方式,也许更适合你……"

即将登台的我下意识地看了一眼手表:距离上台比赛只有十几分钟了。不得不说,我当时很犹豫。上台前,我已经把稿子背过无数遍,不说是倒背如流,也可以说是滚瓜烂熟,如果按照陈老师的建议临时进行调整,我很担心会自乱阵脚。

陈老师看出了我的心思,他沉着的眼神和我焦虑的眼神对视了几秒,伸出手拍了拍我的肩膀,只说了一句话:"我相信你一定可以的!"

正是这句话,让我顿时充满了能量。我勇敢地走上舞台,按照陈老师的建议对稿子作了临时调整,最终,我顺利地赢得了晋级下一场比赛的机会。

当时的我只顾着紧张,事后才认真思考了陈老师给我的建议。不仅只针对当时的那场比赛,他还给了我一种新的思路,对我后来的演讲起到了关键性的帮助作用。

如果说小志老师是给我演讲机会的人,那陈老师就是在关键时刻赋予我新的能量、帮助我更好前进的人。

自　序

第三位是乐嘉老师。

乐嘉老师是《超级演说家》所有导师中唯一一位专职教演讲的老师，正是因为这个原因，《超级演说家》的比赛结束后，我依然会时常向乐老师请教问题。

我们的缘分从2014年开始，直到现在，在演讲方面，我一直深受他的影响。

记得那是2016年，他监制的作品《演说家是怎样炼成的》准备出版，书的内容主要是跟随他学习演讲的学生们写的演讲稿。

乐老师对待这本书的态度特别认真，他希望每一篇演讲稿都精益求精。我不想让他失望，绞尽脑汁想把稿子打磨得更完美，但是越着急越找不到思路，心里很懊恼。

如果是普通的老师看到自己的学生如此，通常会在技术层面给点建议，最多再打点儿鸡血，说两句鼓励的话。

而乐老师让我佩服之处，就在于他不仅从技术的角度指导我写演讲稿，还站在更高的角度为我指引方向。他对我说："晋杭，我们这本书会一直在，哪怕到了一百年以后，还是会有人看的。"

这句话在无形中给了我动力，也把我的负面情绪一扫而光。

乐老师教会了我演讲，也教会了我写作，甚至连我的演讲风格都受到他很大的影响。如今，我也带了不少自己的学生，很多学生对我说："你身上有乐老师的影子。"

乐老师是我一生的恩师，没有他，我不会有现在的演讲水平。

在我演讲路上对我影响最大的三位老师，他们有着截然不同的个人风格，但有一点是相同的，那就是他们非常擅长用语言去鼓励别人。

演讲，不一定是为了赢得站在几千人面前讲话的机会。可能你的一生只做过一场演讲，而这场演讲的观众也只有一个，他可能是你的孩子，或者是一位对你很重要的人。通过演讲，你影响了他，鼓励他走向了更好的人生。这不就是学习演讲最大的意义吗？

用语言去鼓励别人，也是我最初想要学习演讲的原因。

在这本书里，我会把这几年来老师们教给我的，以及自己在实践中的心得体会都整理出来，希望能帮助更多想要提升演讲能力的朋友，帮助到更多希望用语言鼓励别人的人。

为了表达我对老师们的感恩，我想用我的实际行动说感谢，用我做出的成绩说感谢。所以，这本书不仅是我对自己多年来演讲生涯的一个交代，也承载了我对老师们的感恩之情。

感恩每一位给过我帮助的老师，谢谢你们！

许晋杭

2020年6月9日于北京朝外街道

第一章 演讲入门 必须知道的 7 个要点

003 我没有故事,还能演讲吗?
009 没有专业的形体和声音,可以演讲吗?
015 为什么我学了那么多知识,依然不会演讲?
019 吵架可以激发演讲状态
024 英语靠语感,演讲靠讲感
029 在别人眼中,你没有那么重要
035 大多数演讲者的五大误区

第二章 学习演讲 给你 11 项助力

041 学会这一招,迈出演讲第一步
046 如何确定演讲选题

052　哪些内容可以作为演讲的切入点

058　演讲的经典框架是什么

063　怎么写演讲稿

069　怎么记演讲稿

074　听别人的演讲，比开口练习更重要

080　练习演讲，事半功倍的诀窍

085　看电影，也能练习演讲

090　怎样找到自己的演讲风格

095　演讲前需要做哪些功课

第三章　打磨演讲稿　掌握这些小技巧

103　设置悬念，提高吸引力

108　讲出好故事，让演讲更完整

114　故事五觉法，让演讲更生动

121　故事要具象，增强代入感

127　举例论证，巧用名人效应

131　讲个笑话，活跃现场气氛

135　金句点缀，打造个人影响力

141　做好结尾，引人深思或回味

第四章　演讲技巧　给你的演讲加点料

149　学会这九种方法，牢牢抓住听众注意力

154　标题创新，让你的演讲与众不同

157　巧用提问法，给你的演讲增色
162　想要提问效果好，还要掌握小技巧
165　演讲，就是边演边讲
170　忽然忘词，可以这么办
176　自嘲，是提升个人魅力的法宝
182　互动，拉近你与观众的距离
187　去掉朗诵腔，氛围瞬间变轻松

第五章　演讲表达　弄清你的"小问题"

193　想表达得清楚些，观众却嫌你啰唆？
198　不知道为什么，观众就是不喜欢你？
203　讲成功故事，观众反而觉得你在炫耀？
207　分享小经验，一不留神就陷入说教模式？
211　一开口，就和观众产生了距离感？

第六章　演讲开场　了解 6 项内容

217　自我介绍，试试这四款经典模式
222　惊艳四座的开场，都是这么来的
226　引爆全场的开场法，都在这里了
231　实在不知如何开场，还有一个小妙招
235　开场有雷区，千万别说这三句话

第七章 演讲进阶 送你 4 条小锦囊

241　即兴演讲,你就讲三点
246　商务演讲,试试这两种演讲模型
251　重视彩排,确保演讲效果
256　重视复盘,一次更比一次好

第一章

演讲入门
必须知道的7个要点

我没有故事，还能演讲吗？

每个人能把属于自己的故事讲好，这也是一件很了不起的事情。

在我开演讲课期间，许多学生问过我同一个问题，这个问题让我感到很吃惊。他们问我："老师，我觉得我没有故事，还能演讲吗？"

在我看来，这个世界上根本不存在没有故事的人。即使你真的没有故事，那"你为什么没有故事"，这本身就是一个很好的故事。你完全可以讲一个"为什么我没有故事"的故事来吸引大家的注意力。

许多没有故事的人，都可以归结为两种情况：

1. 你其实有故事，只是不知道故事的亮点在哪儿，讲不出来。

2. 你其实有故事，但是不愿意讲出来，所以对外界声称没有故事。

符合以上两种情况的人都会说自己没有故事。针对不同的情况，解决方式是不同的。

如果没有呈现故事的技巧，我可以教一些让故事落地的技巧。

如果是不愿意把自己的故事讲出来，那可能需要一些心理疏导，帮你打开心门。

当很多人告诉我"我没有故事"时，我会把这句话翻译成"我的故事没有别人精彩，我还能演讲吗？"

我经常在课堂上强调："学最好的别人，做最棒的自己。"所以，故事与故事之间，是不能进行比较的。就像人生——人比人，气死人——并不适合拿来比较。也许我们一辈子都无法像马云那样传奇，但是，没有那样传奇的故事，我们就不能演讲了吗？显然不是的。

故事的素材本身内容精彩度，是需要你自己解决的，但你讲故事的能力，我们是可以一起努力的。这也是本书的使命。

在我看来，一个故事想要精彩，除了故事本身的素材，怎么去讲解也很重要。

另外，拥有故事和拥有讲故事的能力，这两者是可以分开的。很多人以为自己没故事，就否定自己有讲故事的能力，这是不对的。它们是两回事，因为否定自己的故事，就直接否定了自己讲故事的能力，这将是你演讲路上最大的拦路虎。

那么，如何挖掘自己身上的故事呢？我可以提供几个方法。

一、问问你的"生命之最"

曾经有一个学生问我："为什么我讲的故事都很平淡？如何才能像《超级演说家》上的学员一样，讲出震撼全场的故事？"

我回答说:"那就要问问你的'生命之最'了。"

这是深度挖掘自己故事的一个好方法。

很多人的一生,都是在迷迷糊糊中度过的。很少有人会安静下来,回忆自己的"生命之最"。可回忆这扇"大门"一旦被打开,就会有甘甜的泉水汩汩涌出,你也会发现不一样的风景。

找一个安静的房间,关掉所有可能干扰自己的通信工具,拿出一张纸,把自己生命中最开心、最难忘、最感动、最痛苦、最遗憾、最震撼的事情都写下来。

一开始写的时候,你可能会发现自己什么都写不出来。没关系,别沮丧不是你一个人如此。我开始做这件事的时候,也是半天写不出一个字。

但是,你一定要尝试写,别放弃。写的时候,不要追求写得多完美,先将它完成。完成后,再完善,最后再完美。

假如写不出最震撼的事情,就先写比较震撼的;写不出最遗憾的事情,就写比较遗憾的。

写着写着,你就会发现,很多回忆就这样慢慢地被勾起来了——就像拧开了水龙头的阀门,水会自己哗啦啦地流出来。

在你写下的这些"生命之最"时,你找出最触动你心灵的故事,用这个故事激发你的演讲愿望。

而这些"生命之最",就是你可以提炼的故事。

二、从身边的小事入手,挖掘自己的故事

对很多人来说,"生命之最"毕竟只是少数的几件事,要想源源不断地挖掘自己身上的故事,还要学会从身边的小事入手。

那些能触发你情绪的事件，也可能成为你演讲中的好故事。

在我的演讲课上，我很喜欢让学生复盘家里的事，情景再现家里的鸡毛蒜皮。因为这些事是大家最熟悉的，讲起来会很容易。对于演讲，一个人如果连小事都讲不好，那一定也讲不好大事，因为大事都是由无数个小细节积累而成的。

从身边的小事入手，挖掘自己身上的故事，并且养成随时随地留意生活中小事的习惯，让你的演讲素材源源不断。

三、借助别人的力量挖掘自己的故事

如果你认为自己的人生很平淡，实在想不出什么精彩的故事，那么，你可以问问你的家人、朋友、同事、兄弟……问他们，"你觉得我是一个什么样的人？"他们可能会给你一连串形容词，比如：友善、孝顺、耿直、调皮、可爱等。

得到类似的回答之后，你继续让他们举例子，"你为什么会对我有这样的印象？发生了什么事让你对我产生这种感觉？"这个时候，他们就会举出具体的例子来说明。

很多时候，他们用来举例的故事，就是发生在你身上的有价值的故事，而这些故事，是你未曾用心留意过，或者早已遗忘的。

这是一个非常有意思的过程，通过询问朋友，你不仅能找回自己身上有意义的故事，可能还会惊讶地发现，原来朋友和家人眼中的你，和你以为的自己，竟然有不小的出入。

借助别人的力量挖掘自己的故事，你会发现一个更立体、更有趣的自己。

四、拓宽思维，挖掘故事

同一个故事，可以从不同的角度来讲述。

"愚公移山"的故事，想必大家都很熟悉。故事讲的是愚公家门前有两座大山挡着路，愚公就决心把山铲平。智叟笑他愚蠢，愚公说，他死了之后有儿子，有孙子，还有子子孙孙，早晚能把大山彻底移走。山神把这件事告诉了天帝，天帝被愚公的诚心感动，命大力神搬走了这两座大山。

这条寓言，你认为它给了我们什么启示呢？语文课本中给出的总结是：要勤奋，这样早晚会成功。

除了这一条启示，你还能写出几条？

1. 遇到困难，上面的人一句话比你干几辈子都管用。
2. 如果没有中间人的传达，你再努力也无法让老板看到。

……

你写出的启示越多，你的思维拓展能力就越强。当你意识到这一点，再反过去看自己的故事，就会对原来的故事有不同的总结。从不同的角度总结，会带给别人不一样的感觉。

拓宽思维，还有另一种方法，就是用导演思维来看待自己的人生，即事情不是发生在你的身上，而是为你发生。

如果李安或者张艺谋来看你的故事，会不会跟你自己的看法完全不同？而且有些发生在我们身上的故事，需要我们的认知水平达到一个高度的时候再去看，那个时候，我们看到的可能就是不一样的风景了。

> 小时候,我家里的经济条件不好。上初中的时候过生日,父亲为了让我开心,不知道从哪儿给我弄了双 Nike 球鞋。
>
> 鞋子是高仿的,我知道。父亲也知道我知道,只是我们两个谁都没说出来……
>
> 十几年过去了,26 岁的我在 Nike 专柜上再次看到这款球鞋,跟当年我那双的款式、颜色一模一样。我顿时有种穿越时空的感觉,当下毫不犹豫地买下来换上。
>
> 只是,一双两千元的正品球鞋,却怎么也穿不出当年的感觉了……
>
> 我这时才明白,原来最让我难忘的不是鞋,而是父亲的那份爱。

上面这个故事,如果是青少年时期的我来看,肯定不会觉得这是一个故事。而我现在当了老师,能站在不同的角度看待问题,自然而然会给曾经发生的事赋予更多的意义。

所以,决定我们经历精彩与否的不仅是经历本身,而是我们赋予经历的意义。

不要再说你没有故事,你需要的,只是挖掘故事的技巧和讲述故事的方式。

🎤 没有专业的形体和声音，可以演讲吗？

我是从北京现代音乐学院毕业的，所以我演讲时的形体和声音都还不错。因此很多人问我，"没有专业的形体和声音，可以演讲吗？"

关于这个问题，我的回答是：当然可以！而且，大部分演讲者都不需要去做专门的形体和声音训练。

先说声音方面。大家都知道，在参加演讲比赛时，好听的声音，往往能够获得更高的分数。而且，正确的发声能够确保你连续讲两个小时都不会太疲惫。很多职业演讲者，每年讲演超过二百场，去医院做检查，喉咙已经扛不住了。我的恩师游本昌老师已经快90岁了，在舞台上依旧能演两个小时的话剧，这是很多人做不来的。

对于职业演讲者，声音的确是必须修炼的部分。但对于普通演讲者，则没有必要花费那么大的工夫。

声音的训练，需要非常专业的老师通过手把手教学的方式进行，并且训练周期长，见效慢，需要下一番苦功。很多非演讲专业的人可能受不了这个苦，所以我不建议大家去做专门的声音

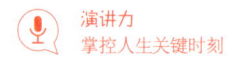

训练。

很多优秀演讲者都没有进行过专门的声音训练，但他们依然能做出非常棒的演讲。这是因为对于演讲来说，声音只是锦上添花的一部分，而不是演讲最重要的因素。我们完全没有必要因为自己的声音听起来不够完美而失去演讲的自信。对于演讲初学者来说，应该把更多的时间花在打磨演讲内容上，而不是花在专门的声音训练上。

虽然我不建议大家去做专门的声音训练，但简单的发声技巧，还是建议大家掌握。

1. 控制呼吸。呼吸的时候要放松，吸气的时候可以尝试深吸气，这样能够让声音显得更有力度。

2. 注意发音。发音最重要的就是清晰，不要有连读的现象，要确保每个字都发音准确，并且要让观众听得清楚。

3. 运用声调。在演讲中，声调的高低有一定的规律。在强调重点的时候，声调会相应提高，当一段陈述接近尾声时，声调会相应降低。演讲者在演讲时，要注意声调的起伏，要运用不同的声调给演讲带来节奏感。声调高低的规则一般是统一的，在这个基础上，可以有小的调整，但不建议太出格，避免给人不自然的感觉。

4. 应用停顿。在演讲中，讲述重点内容时，可以适当留出几秒钟的停顿时间，让观众去思考和回味。尤其当演讲涉及提问环节时，一定要留出足够的时间让观众思考，而不是抛出问题后，立刻给出答案。

5. 用丹田发声。丹田发声，是指不要让声音只是从嗓子或者鼻腔里发出来，而是要利用胸部和肺部来发声。用丹田发声会让声音显得更加浑厚有力，而且能够传播更远的距离。

谈完了声音，再来谈谈形体。对于专业演讲者来说，形体训练包括演讲者的手势、眼神、表情、身姿等方面的训练。好的形体，能够帮助演讲者传情达意，弥补口语表达上的不足，能够使演讲者的情感得到更直观、更具体的展现。

形体训练听起来简单，做起来却比声音训练还要难。同样，我不建议普通演讲者做专门的形体训练，但有以下几个小建议。

一、与观众进行目光交流

在我做线下演讲课程训练的时候，我发现学员在上台之后存在一个普遍问题，就是不与观众进行目光交流。还有一些配合PPT演讲的学员，目光干脆都放在PPT上，完全忽略了观众。

在演讲开始前，与观众进行目光交流，不仅能够帮助你迅速进入状态，更能拉近你与观众的距离，让你在开口前，先获得观众的认可。你可以用环顾全场的方式与所有观众进行目光接触，尤其要注意坐在后排和两侧的观众，不要忽略他们。在环视全场时，也要注意速度，要慢慢地环视，而非迅速地扫视，要让观众有被注视到的感觉，而非匆匆一瞥。

在演讲的过程中，也要注意目光的交流。通过目光交流，既可以把握住观众的注意力，同时也能观察观众的表情，得到观众对演讲内容的反馈。在和观众进行目光交流时，不要把目光紧锁在几个人身上，而是要顾及到全场观众。在一个人身上目光停留的时间不要超过两分钟，否则被你关注的人会有压力，其他人则会感觉自己被忽视。

如果你实在太紧张，不敢接触观众的目光，这里教你一个小技巧。你可以把目光放在观众的额头部位，并报以微笑，这样观众也能感受到你的目光。但这种技巧只建议给初学者用来克服紧张感，等你在台上放松之后，还是建议和观众进行直接的目光接触，让观众感受到你的真诚。

二、适当的表情变化

很多学员在刚开始进行演讲训练时，表情太过紧绷，无论演讲内容是什么，都是同样的表情。这样的话，即使演讲稿写得再精彩，也会因为表情问题而大大减分。所以，在演讲时，一定要注意表情的变化，用表情配合演讲的内容，辅助情感表达。

三、配合合适的肢体语言

合适的肢体语言，首先，要求一定要站直，不要驼背。很多学员一上台，就站得歪歪斜斜，或者含胸驼背，人看起来很不精神。站直身体，会给人一种自信的感觉。站直后，不要左右或者前后晃动。有些人一紧张，就容易前后晃，或者不停地调整双脚的位置，有些人还喜欢抖腿。这些不合适的站姿，在演讲训练中都要有意识地克服。

在演讲中，不要全程站在原地讲，要留有一小部分的时间走到舞台的两侧与观众互动，或者运用适当的手势，搭配演讲的内容。

演讲者在台上的动作分为三个层次：

1. 你的手势和走动是为了让自己放轻松，缓解紧张。
2. 你是真的很放松，手势和动作都做得很自然。
3. 你非常专业，每一个动作都跟内容紧密连接，环环相扣。

手势和走动的训练可以慢慢进行，但一定要有意识地行动起来。

在形体方面，经常有学员向我求助，不知道手该往哪儿放。其实，最简单的一个方法，就是双手握住麦克风。如果没有麦克风，那就双手自然下垂，在适当的地方加上手势，避免显得太呆板。如果你的演讲需要结合PPT，那么你的一只手用来握住翻页笔，另一只手可以自然下垂。无论在什么情况下，都不要双手插兜，或者交叉手臂放在胸前，这样会给人不正式、不舒服的感觉。

很多人都听说过"木桶原理"，意思是要全面发展才不会掉链子。但是在我看来，演讲并不需要应用木桶原理，也就是说，不需要做到方方面面全优。虽然我在上文谈到了一些声音和形体的训练建议，但我依然认为，演讲最重要的是内容，其他都是锦上添花。在进行演讲训练时，我们一定要把更多的精力放在内容上，不要本末倒置，过分关注不甚重要的方面。

反过来，很多人还听说过"反木桶原理"，叫长板理论，意思是要把短板遮住，让长板更长。该理论很适合用在演讲上。我们每个人都有缺点，想改也不是不行，但是需要花费大量的时间和精力，投入和产出很可能不成正比。根据长板理论，有些缺点不用花大量时间去克服，只要想办法不让大家看见就好。

如果你是一个一站到台上就容易晃动的人，那就走起来。如果你是一个拿起麦克风就手抖的人，那就用头戴麦。总之，很多无伤大雅的缺点，都是可以规避的。将心思更多地花在你演讲的内容上，当你的内容无懈可击时，才能震撼人心。

为什么我学了那么多知识，依然不会演讲？

很多人在读本书之前，可能也看过其他演讲相关的书，或者在微信上加入了付费的演讲学习群，甚至花好几万去学习演讲方面的课程。但是直到此刻，你还是不知道该怎么演讲，上台之后还是没有思路。你发现自己花了那么多钱和时间去学习，付出的努力只不过是自己感动了自己，对演讲并没有提供什么实质性的帮助。

为什么会出现这样的情况呢？是看的书不够专业，还是学习的课程不够好呢？

假设你看的书和学习的课程是好的，那么，为什么它们却没有办法让你学会演讲呢？

好的演讲书籍和课程，一定会讲很多实用的演讲技巧，但你为什么没有学会？如果不是它们的问题，很抱歉，恐怕就是你的问题了。对那些学习了很多演讲知识，却依然不会演讲的人，我总结出三种类型，大家可以自行对号入座。

第一种人：学习之后，根本没有去练

这种学员，特点非常明显，他们总是上课很激动，下课很

感动，回家之后一动不动。对他们来说，如果不加强自身行动力，就算是把世界第一潜能激发大师安东尼·罗宾请过来也没用。依据我的经验，这样的人还真不少，他们最大的特点就是习惯用花钱的方式为自己买一份感动，大概觉得花钱了就是学习了。其实，他们获得的只是一种虚假的学习感，这种学习感仅仅能够降低他们的焦虑感，却不会让他们在技能上得到任何提升。

如果你属于这一类人，那么你需要做的，不是买更多的书和课程，而是先行动起来。比方说，可以从本书开始，将书中提到的训练方法和技巧都实际应用起来，你很快就会看到自己的进步。

第二种人：练是练了，但是没有用正确的方法进行训练

我们上学的时候，在同一个班级里，老师是一样的，上课的时间、学习的内容都是一样的。但是班级里有人成绩好，也有人成绩差。很多人可能还见过这种情况，有的学生平时学习非常努力，但是总也考不出好成绩，为什么会出现这样的情况呢？

原因在于不同的学生有不同的训练方式。成绩好的学生有适合自己的训练方式，而成绩不好的学生在训练方式上就需要好好地反思。这是不是"低水平勤奋"的结果。所谓低水平勤奋，就是只顾着增加训练时间，却不升级自己的训练方式。

如果你属于这种情况，那么你需要做的，就是找到适合自己的训练方式。学习的方式有千百种，没有对错之分，需要考量的，只是是否适合自己。比如，在书中，我谈到了如何记演讲稿的问题，也为大家提供了几种记忆方法。这几种方法，不是每一种都必须用到，也不是只能选择其中一种。如果重复抄写能够帮

助你快速记忆，利用"关键词法"也有不错的记忆效果，那么你在记忆演讲稿时，就以重复抄写为主，以"关键词法"为辅，甚至可以将这两者结合，在抄写演讲稿时，将关键词放大或加粗，强化记忆。

演讲训练没有固定的方法，选择适合自己的方法最重要。

你可能会说："我听课之后也有练习，并且有用适合自己的方式持续练习，为什么我的演讲水平依然进步不大呢？"

如果你真的有用适合自己的方式持续练习，那你很有可能属于第三种情况：没有走出自己的舒适区。

你一直在用让自己感到舒服的方式练习演讲，而没有用刻意练习的方式训练演讲，你的演讲水平当然只会原地踏步。

在我准备去美国之前，有一段时间苦练英语。每天早上五点钟起床开始训练，并且用老师教我的方法认认真真练习。但是当我跟身边的美国朋友进行交流时，还是感觉有很大的障碍。

后来我的外教跟我说，我最大的原因在于每天都在背那些简单的内容，没有开始尝试更高阶的训练。我回想了一下，确实是这样的，因为训练简单的内容不需要我花费太多的心力，只需要不断重复就好了。所以，在我苦苦练习的那段时间里，我只是看起来很努力，实际上并没有走出自己的舒适区。

明白了这一点后，我开始主动学习更高阶的内容，很快，就可以跟美国朋友顺畅地进行深度交流了，交流过程中的障碍也越来越少。

练习演讲也是同样的道理。

那些顶尖的演说家，他们为了让自己的演讲内容更加精彩，每天不仅训练自己的演讲技能,还要看很多其他方面的书,包括心理学著作、文学著作,甚至是历史学著作,以拓宽自己的知识面。他们每天都在突破自己的舒适区,目的就是让自己的演讲水平更进一步。

我们身边的大多数人,对待新知识的态度总是过于保守,不愿意去掌握更丰富的内容,也不愿意去学习更高维度的知识,也不愿意去挑战更大的舞台,永远都守着自己擅长的内容,重复练习。这样的话,不管怎么练习,也很难有进步。用轻松的方式训练,只会得到简单的结果;用高标准的方式训练,才能得到高标准的结果。

如果你属于这种情况,那么你需要勇敢地走出自己的舒适区,为自己开拓更多可能。

以上就是我总结的"听了那么多的课,却依旧做不好演讲"的三种人的情况。

如果你已经对号入座,你可能又会问,如何才能找到适合自己的训练方法呢?如何才能走出舒适区呢?这就是我在后面的章节会渐渐地帮助大家提高的地方。演讲方面的问题,并不是简单几个章节就可以解决的,它需要我们在以后的学习中持续地互动和碰撞。毕竟,罗马不是一天建成的。

先了解自己的演讲水平难以提升的原因。明确了原因之后,才有可能找到合适的方法慢慢提高。

后面的章节,我将带领大家逐个解决演讲中存在的问题,帮助大家完成演讲水平的突破和提高。

🎤 吵架可以激发演讲状态

很多人在刚开始学演讲的时候,都会有这样的困惑:"为什么我的演讲状态跟台上那些人差别那么大?为什么他们那么自如,我却那么别扭?我是不是不适合演讲?"

我在刚开始学演讲的时候,也有过这种困惑。但是后来,我在生活中发现了一个有趣的真相:吵架可以激发演讲状态。

不信吗?我们来想一个问题,一个好的演说家需要具备的三种能力是什么?

1. 口齿清晰

2. 逻辑缜密

3. 情绪饱满

怎么样?跟吵架时候的状态是不是高度相似?所以只要你会吵架,你就会演讲。只要你吵过架,你就具备演讲的潜质。尤其是女孩子,想要找到演讲状态,只要开启吵架模式,感觉就八九不离十了。

我相信每个人都吵过架,不是跟你的亲人,就是跟你的朋友或者同事。我从来没见过有谁在吵架的时候,需要去思考逻辑与案例，去列大纲，去写逐字稿。大部分人都是自成体系，案例一个接着一个，并且逻辑严谨，气势如虹。吵完架之后回想一下，往往还会发现自己遗漏了某个重要案例，如果加上，还能发挥得更好。但我从来没见过有谁去专门学过吵架。

这就是我在教演讲课的时候经常跟学生们讲的，每个人都是演说家，只不过看你怎样把吵架的那套功夫运用到正式的演讲上。

只要你会吵架，你就具备演讲的能力，只不过目前，你还没有把这个能力转移过来而已。所以，我希望你可以对自己的演讲之路充满信心，不要再动辄怀疑自己。

但问题是，为了找到演讲状态，我们也不好无端就找人吵一架吧？

其实，在生活中，有一项活动跟吵架很相似，那就是参加辩论赛。

辩论很像吵架，但又不是吵架，它比吵架高级。因为辩论除了能够激发演讲状态，它还是有序的、有逻辑的，试图以理服人。这些都是演讲需要的。

当然，辩论赛和吵架一样，不是一个人就可以完成的，必须找到一个或者多个同伴一起来训练。

参加辩论赛能够激发演讲状态，因为它能打消你的恐惧。

我有一位学生，当我推荐她通过辩论找到演讲状态时，她摇摇头对我说："我的性格不太适合辩论，而且我也不会呀！"

结果，她一到辩论场上，差点把对方给"吞"了……

原因很简单，当一个人受到攻击的时候，她会本能地想捍卫自己。而在那一刻，她的潜能就被激发出来了。

所以，辩论为我们提供的是直面冲突的机会，它能瞬间打消我们的恐惧，让我们进入吵架状态，瞬间调动我们的情绪，加速我们的思考。

1. 除此之外，辩论能让你更有时间观念。

很多人演讲做得不好，大部分原因在于没有时间概念。这就容易出现语句啰唆的情况。而辩论场上，每一方、每一个人的发言都是有规定时间的。为了在规定时间内讲完，你就会主动调整结构，精简语言。

这种训练，无论是在用词的准确性上，还是整体结构上，都有很大的好处。

2. 辩论还能让你更有主张。

我们在进行演讲训练的时候，一个很大的困惑是不知道自己可以讲什么。这很多时候是因为我们的想法太少，也有可能是我们什么都想讲，结果什么都讲不好。

辩论的好处是，我们必须在正反双方中选择一个持方，而且一旦选择，就必须竭尽全力去论证它。辩论帮助我们找到了立场，有了立场，我们准备的方向就会更加聚焦。

练习辩论久了，你会更懂得在一个话题中抓住一个明确的点，你的演讲更容易找到明确的主题。

日常多参加辩论赛，或者几位朋友自发组织辩论，有利于激发高能量的演讲状态。

除了在日常练习中难以找到这种演讲状态，也有不少学员在上台演讲之前，因为紧张而难以激发演讲状态。

樊登老师对我说过,"一个人不是有了好的状态才做一个有能量的动作,而是先有了高能量的动作,才有了好的状态。"

那些优秀的演说家,都是因为先有了高能量动作,才有了好的状态。

那么,什么是高能量动作?

比如说,你人站直,双手叉腰,这就是一种高能量动作。通过做这种动作,你会获得一种自信的感觉,保持这个动作几分钟,你就会感觉自己很不错。

在生活中,我们可能都见过这种现象:餐厅、理发店在早上开门营业前,都会放一首很嗨的歌,跳一段很"燃"的舞蹈。一开始,我还觉得这种行为特别傻,后来才发现,这是有作用的。每一个高能量的肢体动作都能潜移默化地让人兴奋起来,帮助人们找到一种好的状态。

> 美国演说家协会会长吉姆来中国巡回演讲的时候,我有幸跟在他身边学习。
>
> 每次他上台前,都要做100个俯卧撑。我当时不是很理解,问他为什么,他说:"这样能够让我更好地发挥。"
>
> 所以现在,在我紧张的时候,我也会多做一些高能量动作,比如在洗手间双手叉腰,自信地看着镜子,只需要2分钟,我的紧张程度就会下降。

高能量的动作做多了,我们的身体就会养成状态不错的习惯。

当我们还不够优秀的时候,要主动去做一些高能量的动作,帮助自己找到优秀的状态。当我们还不是一个成功的演讲者的时候,我们要想象自己是一个成功者,直到我们成功。

英语靠语感，演讲靠讲感

学英语的时候，老师会强调语感；打篮球的时候，老师会强调手感；学唱歌的时候，老师会强调乐感。

那学演讲，要强调什么感？

答案是讲感。

所谓讲感，就是你讲话的一种感觉。

关于这一点，劲霸男装董事长洪忠信老师跟我讲过这样一个故事：

某位大老板不太会表达，但是钱赚得很多，社会地位很高。有一次，他做了一个大手术，在医院躺了半个月，疗养身体。

有一天，他的朋友来看他，问他身体恢复得怎么样。这位朋友惊奇地发现，本来语言表达能力很差的大老板，居然可以非常流利地把整个情况讲清楚。朋友大呼："你的口才比以前强太多了啊。"

大老板哈哈大笑，说："自从住院，每天有十几个人来看我，每看一次，我都要把病情讲一遍。今天跟你讲的这些，是我讲的第一百多遍，再不会讲的人，每天讲，也会讲了。"

通过不断地跟不同的人讲同一件事情，这位大老板的口才迅速提升。在这个过程中，他把讲感练到了极致，以至于他的朋友感觉他"脱胎换骨"了。

从小到大，很多人都夸我的表达能力比同龄人的出众，也有些人说我有演讲天赋。其实，只有我自己知道，我只是在一些地方做了足够的练习。

比如说，读小学的时候，我每天晚上都会跟家人一起吃饭，然后一家人围在电视机前看6点的黄金档电视剧。第二天，在我跟同学结伴上学的路上，我就会忍不住跟同学讨论昨天的电视剧剧情。到了学校，我又绘声绘色地把剧情向其他同学讲一遍，有些同学没看，为了让他们更好地了解剧情，我甚至会边讲边演。放学后，还有些同学没听够，会拉着我，让我继续跟他们讲。我沉浸在分享的过程中，没一会儿就到家了，丝毫感觉不到走路的辛苦和时间的流逝。

现在回头再看，你还会觉得我有演讲天赋吗？其实，我只是在向同学们分享剧情的过程中慢慢把讲感练了出来。

有一次，我问林志颖老师："如何才能练得像您这样会做人，会说话、情商高？"

林志颖老师说："就是做通告啊，每次通告，几乎都是几个固定的问题，不同的节目换着讲。一个月下来，不会讲也会讲了。"

所以说，讲感是在无数次的练习中产生的。那么，如何通过训练，获得讲感呢？

一、演讲的语言,要像聊天一样

很多作家在谈写作的时候,常常说"要像聊天一样写作"。这种说法放在演讲上一样适用,但这里说的"聊天",并不是真的和观众闲聊,而是在演讲时,给观众营造一种你正在和他们对话的感觉。

有一个汽车品牌,推出了一款新车,主打静音效果。这款车的广告文案是这样写的:

> 你35岁了,努力做着业务,职位不上不下,没有未来。孩子学习成绩不好,老婆也不爱你,她的父母身体不好,需要你时常接济,此外,你每个月还还着6000元的房贷。你以前的朋友都混得越来越好,甚至不跟你往来了,你连参加聚会的资格都没有。你在车库停下车,关掉引擎,整个世界太安静了,一点儿声音都没有。难得有这么一个安静的时刻,你想在这里坐几分钟再回家。

这个文案给人的感觉,是不是就像和朋友沟通一样?我们在训练讲感的时候,也可以想象对面坐着我们的老朋友,我们希望通过演讲,与他进行对话。

二、演讲的练习,少就是多

很多学生刚开始学习演讲,就巴不得把所有的内容全部记在本子上,以为记得越全,学得就越多。其实,那样会"消化不良"的。把知识点记在本子上,对于演讲而言,没有太大作用。因为不运用演讲知识,从严格意义上讲,那些知识就不能算是你的。

学习演讲,不能贪多,而是要一个知识点一个知识点地去学。就像上文中讲的那个大老板,他在住院期间,始终向别人重复他的病情,而不是上午讲病情,下午练发音,晚上考虑着装问题。集中一段时间去攻克一个问题,这样的进步看似慢,实则慢才是快,少才是多。

我在上演讲课的时候,经常有学生说,自己已经把演讲课程听烂了,问我能不能换一些新鲜的内容讲。这个时候,我都会告诉他们,听烂了课程并不是真本事,把课程中学到的知识在演讲中用烂才是真本事。

当你能够把一个知识点用烂时,自然会对其他的知识点有不同的思考,从而达到触类旁通的效果。

三、利用碎片化时间练习

我在学习英语的时候,老师跟我说,很多人都想要速成英语,期待一下子拿出大块的时间,学习大量的英语知识,以求迅速掌握英语,但往往都是徒劳。

英语的学习,不能靠突击。恰恰相反,学习英语,与其拿出大块的时间来学习,不如好好利用零散的时间。一下子学很多,不如每天把一个句子学透。

学演讲亦是如此。

经常有学生问我:"老师,我要怎么样才能快速学会演讲?""老师,我要怎么样才能像你这样,在台上侃侃而谈两个小时不卡壳?"

事实证明,跟我提出"速成"需求的学生,后期的进步都比较慢；进步快的学生，往往是那些踏踏实实练习，稳扎稳打前进的。

在我做演讲课程的时候，我每天都会给学生布置这样的作业：录制3分钟的演讲视频。每天练习3分钟，坚持不懈地练下去，这就是最好的练习方法。锻炼讲感，不在于每天练多久，而在于每天都在练。

讲感没有那么神秘，只是熟能生巧而已。持久地练习，你就能收获到你想要的结果。

🎤 在别人眼中,你没有那么重要

很多人对我说,自己不敢上台演讲,是因为怕演砸了丢面子。在我的演讲课上,有一些比较羞涩的学员,他们不好意思把演讲视频发到群里给大家看,害怕因自己讲得不好而丢脸。很多人在上台演讲时,都有着沉重的心理负担,害怕自己的表现达不到他人的预期,因此感到紧张和焦虑。

认为自己在别人眼中很重要,是每个人都会有的正常心理反应,即焦点效应。焦点效应指的是:我们总认为自己在别人心中很重要,过于在乎自己的表现给别人留下的印象。

但是,我必须告诉大家一个真相:在别人眼中,我们没有那么重要。回想一下,你一生当中看过最烂的一场演讲是哪一个?是不是记不起来了?

你可能听过很多不怎么样的演讲,现在却根本想不起来。换个角度想,如果你演讲的时候表现很差,在别人心中,压根儿也不会被记住。

我们在乎别人的看法,这本身是件好事,这说明我们有进取心。可是人性的弱点,就在于我们都希望自己在别人心中是

完美的。就像我们看微博留言时,如果有99条表扬语,有1条批评语,我们往往只会关注那一条批评语。但事情的真相是,别人批评了我们之后,可能很快就忘记了,而我们却对这一条批评耿耿于怀,甚至对那99条表扬视而不见。长久地以此折磨自己,以至于失去演讲的信心,再也不敢上台讲话。

从今天开始,你必须记住这个真相:在别人眼中,你没有那么重要。你可能讲话不流利,你可能逻辑感不强,你可能肢体动作僵硬,这些确实会落在别人眼里,但是没关系,你不必因此而紧张。因为别人不会如你想象的那样在意你的不完美。大家对此很宽容,会一笑而过。所以,我希望你在面对自己的不完美时,不要给自己太多负担。

如果你依然无法说服自己,依然害怕给别人留下不完美的印象,依然因为焦点效应而紧张,那我再分享几点克服紧张的方法。

一、心理暗示

一位朋友跟我玩过一个很有意思的游戏,他让我闭上眼睛,然后跟我说:"在脑海里,不要出现老虎的画面。"这句话,他重复了三次。但遗憾的是,他每重复一次,我脑海里老虎的画面就会浮现一次。

如果你因为焦点效应而紧张,你可能会习惯跟自己说"不要紧张,不要紧张",可惜,你越这样说,就越紧张。

面对这种情况,我们可以换一种方式,那就是承认现在的自己很紧张,然后跟自己说:"我现在有些紧张,我要放轻松,放轻松，放轻松。"

慢慢地，你就真的放轻松了。

二、信念转换

如何从信念上转换紧张感？

你紧张的时候，会身体发抖、头脑发热、眼神不定、心跳加速……但你有没有想过，你在兴奋的时候，身体也是这样的反应。

紧张和兴奋的状态是一样的，当你紧张的时候，你要告诉自己，你很兴奋，而不是告诉自己很紧张。

当你觉得自己很紧张的时候，不管你在台上如何努力表现，你呈现出来的状态都不会太好，最多只是及格分。而当你告诉自己很兴奋时，往往有可能发挥出不可思议的成绩。因为兴奋是积极的感觉，而紧张是消极的感觉。

紧张这种情绪是无法消除的，如果你觉得很难克服，可以尝试用信念转换法将紧张转化成兴奋。

三、心情转移

紧张感无法消除，但可以转移，同样，也可以替代。

有一次，我参加长跑比赛，比赛开始前我很紧张。于是，我利用心情转移法，想到小的时候家里条件不好，妈妈舍不得吃鸡腿，都留给我吃。我内心立刻满是心酸，全身充满了力量，仿佛要借助这次长跑，释放心中的感情。心酸代替了紧张，那次长跑，我拿了冠军。

四、动作转移

如果用了心情转移的方法后,依然很紧张,那么可以全力以赴去推墙,握住拳头,使尽全力,把力气都使出来、消耗掉。从物理角度讲,我们把力气都用光了,就没有力气去紧张了。

除此之外,也可以嚼口香糖,放松一下口腔;听自己喜欢的歌,调整情绪;找人聊点开心事,提前给自己热身。这些方法都能让我们缓解紧张情绪,放松下来。

五、充分准备

焦点效应之所以会给我们带来心理负担,就是因为我们对自己的表现不够自信。之所以不够自信,往往是因为我们没有做足准备。

我问过很多学生一个问题:"假如上台后,你只需要回答一个问题,一加一等于几,回答完就可以下台,你还会紧张吗?"

他们的答案几乎都是:不会。

为什么?

因为我们已知了上台后即将发生的事情,而我们的心理负担和紧张感源于未知,对即将发生的事情越未知,就越紧张。想要降低这种紧张感,就要在上台前做出充分准备。

虽然每个人对于"充分准备"这四个字的定义不同,但我们可以扪心自问一下,自己为这场演讲,付出了多少努力?

我们花了多少时间写稿,又花了多少时间修改?自己讲了多少遍?有没有录制视频给自己看,有没有私下讲给朋友听?朋友听完,你有没有征询他们的意见,然后继续训练自己?我们准备得越充分,上台就越有把握,焦点效应带来的负担就会越小。

有一次，乐嘉老师演讲结束后我问他："为什么您的演讲那么精彩？"他跟我说，刚刚演讲中的案例，他已经讲了三千多遍了。如果你也把一篇稿子讲三千遍，不精彩也精彩了！

所以，如果你依然被焦点效应所困，与其把关注点放在克服紧张和焦虑上，不如踏踏实实准备演讲内容，当你胸有成竹时，自然就不会紧张了。

六、公开你的紧张

如果登台后还是紧张，那就直接公开我们的紧张吧！

紧张一定会影响我们的发挥，而大大方方地承认自己很紧张，反而会起到神奇的效果。

乐嘉老师有一次在录制节目的时候，上台就说自己很紧张，希望大家能给他些掌声。这句话一说出来，不仅没有影响他的形象，还凸显了他的真诚。

谈到承认自己的紧张，焦点效应可能又来作怪了。观众会不会因为我们承认紧张，而对我们产生不好的印象？事实是，如果我们明明很紧张，但还假装不紧张，观众才会感觉奇怪。

我们可以想像一个画面：台上的人一边看稿一边讲话，手还一直在发抖。

这样的场景下，观众可能就会想："这个人怎么回事儿啊，念稿子手还发抖！"

但是如果这个人在开始前对大家说："大家好，我现在非常紧张，所以需要看稿子，而且我的手还可能会抖，所以请大家多多包涵。"这种情况下，观众对讲演者就不会有太高的期待，如果这个人讲得还不错，反而会让观众有惊喜之感。

这就是宣布自己紧张的好处。不仅让自己放松，也令观众感到放松。

七、面具训练法

我跟随游本昌老师学习表演的时候，有一段喜剧表演，当时一直因为紧张而无法进入状态。后来，游本昌老师让我戴上面具演小丑，因为大家看不到我的脸了，我就彻底放下了心里的包袱，很快进入了状态。

当年我在中国男子职业篮球联赛赛场上扮演吉祥物跳舞的时候，也是非常有激情的。因为在吉祥物的厚外套里面，别人都不知道我是谁，所以我能够在台上收放自如。

如果你实在难以克服紧张感，可以戴上面具试一试。这个方法对我是适用的，戴上面具，很快就能找到放松的感觉。

焦点效应非常普遍，也是每个人都有的心理。如果这种心理给你带来了负担，别放弃，你只需要知道"在别人眼中，你没有那么重要"这个真相，然后放松下来，轻松上阵。

大多数演讲者的五大误区

在我初学演讲时,犯过一个很大的错误,就是上台后对观众说:"我今天来到这个舞台上,就是想表现真实的自己。"然后把我想说的内容一股脑地传达给观众。我以为这是做真实的自己,以为这是在向观众表示我的真诚,但实际上,我只是自嗨式地满足了自己的表达欲望,完全没有考虑到我讲的内容观众是否在乎,是否可以为观众带来价值。

如今的我,听过数千场演讲,也指导过很多学生。在这期间,我发现和我犯同样错误的人不在少数。除此之外,我还发现了大家在演讲方面的其他误区,总结在这里,希望对大家有帮助。

误区一:讲自己想讲的内容

正如本文开头所说,演讲上最大的误区,就是以为演讲是讲自己想讲的内容。诚然,在舞台上要做一个真诚的分享者,但真诚并不是一味地说自己想说的话,而是考虑观众的喜好、接受度与感受。可能那些内容只是对我们自己很重要,但观众却未必在意。所以，如果我们想要向观众传达我们的真诚，就不能一味地表达自己，而是要结合观众的需求，传递他们所需要的内容，这才是真正的真诚。如果只顾满足自己的表达欲，那就是在浪费观众的时间，是对观众的不尊重。

误区二：不会表演不能演讲

很多人问过我："你演讲做得好，是不是因为你学过表演？"或者问我："我没有学过表演，能演讲吗？"

我可以很负责地告诉大家，任何一个普通人，都可以演讲，《超级演说家》上的很多选手，他们都没有表演功底，但这并不妨碍他们的精彩表现。

至于表演，那只是演讲的加分项，而不是必需项。只要我们的语言准确、逻辑清晰、内容完整丰富、感情充沛、态度真诚，哪怕我们的普通话不标准，哪怕我们说话会有点卡壳，一样可能打动观众，赢得满堂彩。

误区三：演讲需要强大的气场

很多人看到一些名人的演讲视频，会被他们在台上侃侃而谈的霸气所迷惑，认为没有强大的气场就不能演讲。在看《超级演说家》节目时，大家也会惊叹选手的气场，认为自己距离舞台上那些光鲜亮丽的表现差得太远。

其实，认为演讲需要强大的气场，这是对演讲的一个极大的误解。

首先，不同的人有不同的演讲风格，并不是讲话声音洪亮才算是有气场，娓娓道来的演讲也能深入人心。

另外，大多数情况下，视频中呈现出来的气场，大多是通过镜头技巧和剪辑等手段呈现的。比如，我们在抖音上看到的那些气势如虹的演讲，那都只是演讲场上的小片段，是高潮部分。真实的演讲现场，大部分时间都是很平淡的，演讲者只有在重点部分，才会金句如潮，引起全场沸腾。

《超级演说家》节目更是如此，每位选手的稿件都打磨了上百遍，又彩排了无数遍，最后搭配上灯光、音乐以及精细的剪辑，呈现出的五分钟演讲，当然可以把观众们"炸晕"。这样的流程让你走一遍，你也能呈现出精彩的演讲效果。

误区四：专业演讲必须用大量专业词汇

当我们在做专业演讲时，如果只会运用专业术语，那我们的内容呈现可能会非常局限，很难成为广为人知的演说家。

新型冠状病毒疫情爆发后，很多人对这个病毒还不是很了解，对于如何防护更是一头雾水。很多医生开始在网络平台上发布视频，为普通市民科普防护知识。但是，很多人看了这些视频后，依然"一脸懵"。可当上海复旦大学附属华山医院感染科主任、上海市新冠肺炎医疗救治专家组组长张文宏医生讲完，大家瞬间就懂了。

很多医生讲，"我们要隔离14天。"但张文宏医生却用简单的语言向大家普及病毒知识，用贴近生活的比喻帮助大众理解。他还说："从现在开始，我们每一位都是战士！你在家里不是隔离，而是在战斗。你觉得很闷吗？闷两个礼拜，病毒也被你闷死了啊！"正是他幽默风趣的表达，让他成了"网红医生"。

当我们在讲专业知识时，如果观众没能听懂，那不是观众的问题，而是我们的讲述不够通俗易懂。

误区五：没有成就的人不能演讲

很多人想要尝试演讲，但都止步于"想"的阶段。大家认为，站在演讲舞台上的人，都是成功人士，没有取得成就的人不能演讲。

演讲分很多种。苹果公司创始人乔布斯的演讲，多数是商业演讲；马云等著名企业家的演讲，多数是励志演讲；企业的年终汇报会上，老板或杰出员工做的演讲，多以鼓励为主；《超级演说家》的舞台上，很多演讲都以分享为主。

所以，不同的人，有不同的演讲目的，也就有不同的演讲内容。我们都是平凡的人，财富榜上没有我们的名字，我们也没有创办出全球闻名的企业，但这并不妨碍我们做出精彩的演讲。我们可以讲自己的成长故事，讲生活里暖心的瞬间，讲一蔬一饭，一笑一泪。

只要找到适合自己的领域，你就是下一个超级演说家！

很多人就是因为走进了这些误区，才习惯于自我否定，误以为自己不能学习演讲。只有走出这些误区，正确看待演讲，才能为自己迎来一个"健康"的开始。

第二章
学习演讲
给你11项助力

学会这一招,迈出演讲第一步

很多人对我说过这样的话:每次看到在舞台上闪闪发光的演说家,真的好想成为他们。可是一到具体的演讲练习,就觉得自己要学习的东西太多了。既要练习表达能力,又要练习逻辑思维能力,甚至连穿着打扮都是一门学问,方方面面都要练习,简直不知道从何学起。

的确,演讲要学习的东西有很多,但学习演讲,只要掌握好方法,就没有想象中那么难。根据我的经验,对于演讲初学者,有一个帮助开启演讲练习的小秘诀就是"由易到难练习法"。

首先,要明确演讲是怎么产生的。

演讲的产生有三个过程:

1. 你的心里产生了某种抽象的感觉,并期待将这种感觉分享给别人。

2. 你将这种感觉在头脑中组织成具体的文字。

3. 你用嘴巴将头脑中的想法表达出来,变成别人听到的语言。

这个过程很像我们做菜，先想好要怎样做一道菜，然后去买对应的食材，最后把菜做出来。

演讲的产生，需要内心、头脑和嘴巴三方面协调配合。

你的协调能力越强，你的演讲表现就越好；你的协调能力越差，就越有可能出现逻辑混乱的情况。

对于绝大多数为演讲训练发愁的人来说，逻辑问题是他们最常出现的问题。

正因为如此，我才设计了"由易到难练习法"。它可以帮助大家降低训练难度，先训练表达能力，不训练逻辑思考能力和组织能力。

这句话该怎么理解呢？

就是把演讲的三个过程拆解开，先练习最简单的用嘴表达，不去练习用脑袋思考。

毕竟对于演讲初学者来说，很难一上来就做到把内心的感受表达清楚，并且表达得精彩。

嘴巴上的功夫该怎么训练呢？核心的奥秘就是：重复。

可以用来重复训练嘴上功夫的内容有很多，比如日常生活中听到的故事、看到的演讲，等等。这些内容，都有一个共同的特点，就是它们已经存在了。它们不需要你进行思考，只需要直接把它们拿过来重复地进行练习即可。

重复练习这些内容有什么用呢？

我告诉你，太有用了！我们不断重复讲那些经典的故事和漂亮的演讲稿，讲多了之后，对它们的逻辑就会熟悉。那些被大家广为流传的故事和演讲稿都有非常完整的思路和逻辑，我们通过一遍一遍的练习，增强对演讲稿语言逻辑的熟悉程度。通过这样的训练，材料里的思路和逻辑会潜移默化地影响我们的思维，进而深深地印在我们的脑海里。这就像我们到了一个陌生的城市，一开始对它的路线不熟悉，必须借助导航的帮助，但是当我们重复走过很多遍之后，渐渐地，就会对路线熟悉起来。

我在学英语的时候，老师要求我背诵课文。一开始，我很不理解这样做的用处，可后来，通过大量背诵，我发现，做选择题的时候，我一眼就能看出哪个答案是正确的。当我用英文写作时，随便写出一段，逻辑和语言都蛮不错。这就是大量重复产生的效果。重复能够潜移默化地影响我们的思维，提升我们的逻辑。

那么，究竟该选择哪些素材进行重复练习呢？

选择重复练习的素材，可以从以下几个方面寻找：

1. 故事

故事的选择范围很广泛。国内的、国外的；现代的、古代的；好玩的、感动的；引人深思的、催人奋进的……如果实在不知道怎么选，就去买一本《故事会》。

2. 新闻

新闻的选择范围也很广，可以分领域选择。商业新闻，比如，哪家公司又上市了，最近市场上新出什么产品了，等等；娱乐新闻，比如谁又拍什么电影了，哪个综艺节目最近比较火，等等。这些都可以作为重复练习的话题。

3. 别人的演讲

学演讲的人也会经常去看别人的演讲以学习。因此，我们可以挑选自己喜欢的或点击量高的演讲稿打印下来，模仿着进行重复练习。

以上三种挑选方式，能为我们提供有价值的素材。

在重复练习的过程中，依然可以采用"由易到难练习法"。

1. 一边看稿子，一边默念。

2. 看一段稿子，把稿子放下，尝试着说出稿子的内容。说完之后，再看下一段，然后再尝试着说出来。

3. 看完整篇稿子，把稿子放下，将稿子的内容从头到尾讲出来，即脱稿演讲。

如果你能选出一篇精彩的稿件，并通过"由易到难练习法"完成脱稿演讲。那么你的演讲水平将会从以下三个方面得到提升：

1. 完整度

很多人说自己能够脱稿演讲，但是将他的演讲内容和稿件对比之后，会发现他这里少了一点，那里也少了一点，演讲的内容根本不完整。所以，保证自己的稿件从头到尾是完整的，这是一个很重要的习惯。

2. 流利度

在完整的基础上，重复的次数越多，表达就会越流利。我在参加《超级演说家》的时候，每一篇演讲稿至少要重复练习100遍左右，才能保证呈现出电视节目中的流利程度。

3. 有温度

在保证了完整度和流利度之后，你就可以在演讲中加入自己的情感。不管是故事还是新闻，里面一定会有主人公，甚至会有多个角色，他们很可能有对话。当我们在讲述不同人的台词时，可以扮演对应的角色，用不同的语气去讲。这样，我们就能在重复的过程中加入自己的感情，让演讲显得生动、有温度。

嘴上功夫熟练后，再来训练内心中的情绪和头脑里的逻辑。训练逻辑，同样可以遵循"由易到难练习法"。

1. 在重复别人稿子的基础上，逐渐加入自己的理解。
2. 将重复别人的稿子变成评论别人的稿子。
3. 将评论别人的稿子变成讲演自己的稿子。
4. 在演讲中，配合PPT，让你的演讲看起来更加高级。
5. 增加提问环节，增强演讲的互动性，也让自己的状态更放松。
6. 适当加入表演，让演讲看起来更丰富。

以上就是"由易到难练习法"的好处。这一方法帮助我们找到一个简单的突破口，将困难进行拆解，进而逐步攻克。通过这样的训练，相信你的演讲水平很快就能得到提升。

所有的困难都是纸老虎，在后面的每一项练习中，"由易到难练习法"都可以应用。只要我们找到拆解困难的办法，然后从最简单的部分入手，困难就会被逐渐打败，而我们，也会因此获得成长。

如何确定演讲选题

选题决定了演讲的精彩程度。能够打动听众的选题有不少，但核心的选题我认为有三个，分别是痛点、情感和价值——这是听众最渴望的三大诉求。

三大诉求中，痛点最为深入人心，因为痛点往往与人的生存息息相关。那么，如何从痛点出发，做出吸引听众的选题呢？

一、从痛点选题吸引听众

什么叫痛点问题？是在人们的生活中持续或者反复出现，超出了大多数人的忍受范围的问题。以大多数人的痛点作为选题，能够吸引更多听众的注意力。但痛点的选择，还要结合听众的特点。比如，你的听众是大学生，"理想"可能才是他们的痛点，而养老等问题对他们来讲，就不是要急于解决的问题。当下社会的痛点有很多，比如：

1. 房价

我们都是被高房价影响的一代。

这一类选题很有煽动性，因为大多数人买不起房，买得起房的人，也背着几十年的债。这样的选题很容易刺激听众，使他们产生强烈的共鸣。

2. 工资

进公司十年了，工资还不如新员工。

这个痛点针对的是公司老员工，适合企业培训时讲演。

这种老员工工资比新员工低的现象是很普遍的，这种问题事关生存，事关公平公正，容易引起听众内心的共鸣。

3. 养老

现在很多家庭都是独生子女家庭，上有老下有小，夫妻二人要供养四名、甚至八名老人。未来，养老问题将成为社会的热点问题。

4. 教育

如今很多家长很焦虑，为了不让孩子输在起跑线上，给孩子报各种培训班等。还有很多异地就学的孩子，由于各种原因导致"上学难"这个现实问题。

5. 淘汰

能力上不去，体力跟不上，中年危机的人在职场上，面对朝气蓬勃的年轻人该怎么办？这是很多人到中年的职场人必须面对的问题。

6. 理想

活了三十多年，从没有追求过自己的理想，从没有为自己的理想付出过努力，是继续这样沉沦下去，还是勇敢地去拼一次？

以上列举的，是当下社会的痛点，类似的痛点还有很多。

人作为群体性的动物，具有群体性特征。做演讲备课的时候，你要分析听众的特征，包括年龄、性别、收入、行业、婚姻、地域、兴趣等。经过数据分析后，你可以找到他们彼此间的共性和联结，接下来你要做的，就是从中找到他们的痛点：年轻人，可以从梦想和职业规划入手；企业职员，可以从薪资待遇和职位晋升入手；中年人，可以从中年危机和健康入手。总之，讲听众最关心的选题，演讲的效果将事半功倍。

如果实在找不到共性和痛点怎么办？那就从人的情感入手。

二、从情感选题吸引读者

人是感性的动物，情感类选题同样可以起到绝佳的效果。关于情绪，我们可以分为两类：正面情绪和负面情绪。情绪本身又有程度的不同，可以分为高强度和低强度。

因此，我们可以将情绪分为以下四类：

低强度的负面情绪：悲伤、沮丧、难过、伤心、郁闷等。

低强度的正面情绪：满足、安心、宁静、轻松、惬意等。

高强度的负面情绪：愤怒、恐惧、厌恶、悲痛、失望等。

高强度的正面情绪：惊奇、兴奋、高兴、狂喜、自豪等。

低强度的情绪不是引爆点，我们优先选择高强度的情绪，这样更容易打动听众。

1.高强度的正面情绪

我们可以通过刻画人物和事件，向听众传达积极正面的情绪。比如，下面几个演讲题目：

"说《战狼2》是幻想的人，那是不知道真正的中国军人有多牛！"

"祖国不能让你去到世界的任何角落,却能在危险时刻随时接你回家。"

这种演讲主题,可以引起读者的自豪感。

2.高强度的负面情绪

演讲的内容可以引起听众的焦虑、愤怒和恐惧等负面情绪。比如:"有话直说,别老问在不在。"

这种话题容易引起共鸣。现在是信息过量的时代,大家都比较忙,总有些人跑过来"骚扰"你,正事没有一件,就一个字加一个问号:在?

你管我在不在,有事不能直说吗?

这种标题可以轻而易举地引发听众愤怒和烦躁的情绪。

类似的选题还有很多,比如,"我长得胖,关你什么事?""三十二岁了,我会不会孤独终老?""同事28岁得癌症去世了""成年人的世界里没有'容易'二字"……

要点燃负面情绪,其实就是要戳中痛点。别人的事都是不痛不痒的,只有降临到自己身上,才会真的有切肤之痛。有了真正的切肤之痛,听众才会产生强烈的反应。

三、从价值获得吸引读者

跟痛点和情感不同,价值获得要求你给听众带来实打实的干货。

很多人都是聪明的利己主义者,不会轻易受到你的煽动,他愿意花费时间、精力甚至是金钱听你的演讲,肯定是抱着获取价值的目的,期待你能给他来点真东西。

那么,从哪些方面给听众带去价值呢?

1. 特定能力

可以不是专业的知识,但你在某方面一定要有过人的能力。比如,你炒股很厉害,赚了不少钱,有自己的一套理论;你投资很厉害,挣了不少钱,有自己的一套投资秘术;你爱研究时政和历史,可以透过现象看本质;你健身锻炼很厉害,一个月瘦了30斤,有自己独特的诀窍;你演讲厉害,要通过演讲教大家怎么演讲。

2. 生活理念

你可以从生活理念和生活态度上给听众带来积极的影响。比如,提倡"断舍离"。你可以现身说法,号召大家过极简生活,不光是放下生活中的累赘,也要放下精神上的累赘。再比如,讲冥想、节约、心态,等等。只要你在某一点上做得足够出色,观点有说服力,你就可以拿来作为自己的主题。

3. 精进与提升

这种更偏向于技巧。

工作上,比如如何快速提升自己的工作效率;如何训练出高情商;各种场合下的说话技巧;谈判的一些技巧;怎么跟客户打心理战;怎么利用业余时间学习等。

生活方面,比如,情感的维系;如何生活得更有仪式感;如何变得优雅与从容等。

价值获得,说到底就是知识付费。这一类听众对自身有要求,对你也有要求,所以你要不断让自己变得更好,以适应他们的需求,而不能他们越来越厉害,你却停滞不前。好的听众是可以帮助演讲者不断提升的,我们要感谢他们。

选定演讲主题,就是结合听众的特点,从痛点、情感或者价值出发。一个契合听众需求的主题,距离一场好的演讲已经不远了。

哪些内容可以作为演讲的切入点

很多学生对我说:"晋杭老师,我看过不少关于演讲的书,也觉得书里讲的内容很有道理,但是轮到自己要演讲的时候,就蒙圈了,不知道该以哪些内容作为切入点,我该怎么办呢?"

下面的四种演讲切入点,可以让你迅速找到演讲的输出口。

第一种:"收获类"切入点

不管你是读书、听课,还是听一场演讲,如果你觉得有了收获,大概率下可能来自以下三点:

1. 你知道了以前不知道的内容。
2. 你加深了对某个内容的认识。
3. 你改变了对某个内容的看法。

一本书、一堂课,或者一篇演讲,可能带给你这三点收获中的某一个,也可能三个同时有。

下面，我分析一下这三点。

1. 你知道了以前不知道的内容

比如说，你以前不知道什么叫作"蝴蝶效应"。通过这一次的学习，你知道了什么叫作"蝴蝶效应"。

这就是知道了以前不知道的内容。

2. 你加深了对某个内容的认识

比如说，以前你只是简单地知道有一个概念叫作"蝴蝶效应"，可是通过这一次学习，你更加深入地了解什么是"蝴蝶效应"，为什么会有"蝴蝶效应"，以及"蝴蝶效应"是如何影响我们的生活的。

也就是说，你对某个内容，有了更加深刻的了解。

3. 你改变了对某个内容的看法

比如说，以前你一直对"蝴蝶效应"有一个比较深刻的理解，可是一场演讲告诉你，原来世界上根本不存在什么"蝴蝶效应"，大大颠覆了你对这个概念的认识。这就是你对某个内容有了新的认识。

以上三点，就是你学习完课程或者听完别人的演讲之后，可能产生的三种情况。反过来，你作为演讲者，只要挑选其中的一点作为你分享给别人的内容，就可以了。

这三个方面，它们可以作为你演讲的切入点。

第二种:"对比类"切入点

> 江苏卫视的节目《最强大脑》进行过这样一场比赛。参赛选手是两名12岁的男孩,一位来自中国,一位来自意大利。两个男孩面对的挑战,是用最短的时间记住102位新郎新娘的排列顺序,记忆准确无误且用时最短的人获胜。
>
> 根据比赛规则,首先报出答案的是意大利男孩。当主持人宣布他的答案完全正确时,中国男孩却突然大哭起来。主持人忙问中国男孩哭泣的原因,男孩边哭边说:"我也记对了,可是我的答案失误了。"当主持人揭开中国男孩的答案时,他的答案也是完全正确的,因为用时更短,中国男孩最终获胜。当主持人宣布中国男孩最终胜出时,意大利男孩也哭起来,他说:"我看他刚刚哭得伤心,我也跟着难过。"
>
> 两个男孩年龄相同,面对比赛失败,反应却完全不同。中国男孩由于紧张,误以为自己失败了,因懊恼和沮丧而哭;意大利男孩因为用时略长而失败,哭泣的原因却与比赛结果无关,而是因为同情中国男孩。

这种对比故事就很适合作为教育类演讲的切入点,用《最强大脑》中两个男孩面对比赛失败时的反应,引出国内外教育的差别。"千万别犯错"和"不要怕犯错",是中国教育和意大利教育的差别。

"对比类"切入点,能够帮助演讲者直接引出观点,还能让听众产生很好的代入感,引发听众的思考。

第三种:"细节类"切入点

熟悉我的人都知道,我以前是演话剧的。2019年,我接受朋友的邀请,在他的晚会上做过一场关于梦想的演讲。那场演讲,我以朋友小艺拍戏经历中的一个细节作为切入点。

> 我们毕业的那年,小艺接到一个去到山区拍戏的工作,进剧组的时间是七月份,正是夏天最热的时候。山区的气候倒是蛮凉爽的,就是蚊子特别多。第一天戏拍下来,小艺身上被叮了上百个包。身上的包还好说,镜头看不到的地方可以偷偷挠一挠;脸上的包真是不敢碰,万一挠破了,化妆时间又不知道要多出多少。晚上睡觉,小艺身上奇痒无比,又不敢伸手抓痒,痛苦万分。我们在微信群里给她支招,教她涂风油精止痒。因为还要拍夜戏,她们直接在场地周围搭了帐篷,山区晚上温度低,剧组也没有为大家准备太多被子。本来帐篷里就冷,不知道痒是被风油精止住了,还是被寒冷替代了,小艺全身涂满风油精之后,没再受浑身发痒的折磨,却因为哆嗦不止而一夜未眠。

我用小艺拍戏中的细节作为切入点，观众一下被我的演讲吸引了，全场瞬间安静下来。这就是细节的动人之处，用细节作为演讲的切入点，听众接受起来没有距离感，而且很容易产生情感共鸣。虽然很少有人全身被叮上百个包，但几乎每个人都被蚊子叮过，那种痒痒的感觉是每个人都体会过的。风油精也是很多人都用过的，都体会过它带来的凉丝丝的感觉。对于小艺那天晚上的感受，大家很容易感同身受。

所以细节的引入往往最能打动人，演讲者一开口就抓住听众的心，后面的内容就容易展开了。

第四种："经历类"切入点

> 白岩松在一次演讲中，谈到自己30岁最大的感受时，聊到了自己的经历。29岁那年，他被破格提拔，成为高级记者。后来做悉尼奥运会的直播，获得了很多掌声。事业一帆风顺的他，忽然觉得顺利得有点不太对劲。他开始问自己，究竟什么才是自己真正想要的？于是他停掉了当时所有的工作，将自己归零，重新成为一名优秀的记者。

这段演讲，白岩松以自己真实的经历切入，不仅激发起观众的好奇心，更引发了观众的思考：人到30岁的时候，究竟该以何种态度面对人生？真实的经历往往很有说服力，名家演讲几乎都会用到这种方法,所以对于经验不多的演讲者来说,更适合讲个人的真实经历,因为这是你最熟悉的内容,也容易投入感情。而一场感情充沛的演讲,更容易打动听众。

演讲的切入点有很多,针对不同的主题、不同的听众、不同的演讲者,适合的切入点都不同。选择适合自己的切入点很重要,找准切入点,听众会更容易被你的演讲吸引。

演讲的经典框架是什么

自从我开始讲与演讲相关的课程后,经常会有人问到我这个问题:什么是好的演讲?

对于这个问题,一百个人会给出一百种答案。每个人对"好"的定义不同,标准也不同。我的答案是:一场演讲,观众听完之后,能够用一两句话概括出演讲的内容;多年之后,还能回想起来,并且记住,这就是好的演讲。

对于演讲初学者来说,一开口就能讲出让人记忆多年的演讲,可能不那么容易。但是,让观众在听完一场演讲之后,能够用一两句话概括出演讲的内容,我们还是可以做到的,也是应该做到的。

想要做到这一点,一个很重要的前提,就是我们要讲得清晰。对于大多数观众来说,听完一场演讲,最多只能记住其中所讲的一个点,讲得太多,他们也记不住。因此,这就要求我们在一场演讲中,不要传递太多想法,并且要把想表达的内容梳理清楚,做到主题明确、逻辑清晰。

要梳理演讲的逻辑,最简单的方式就是套用演讲的经典框架。

演讲的经典框架有三个部分：

1. 点题：点出我们想表达的中心思想。

2. 正文：讲述我们想讲的内容。

3. 总结：把我们的中心思想再强调一遍。

这个框架，其实我们很熟悉。上学时学习写作文，最先接触的就是这种"总—分—总"的形式。这种框架虽然简单，但十分好用。

第一部分：点题

不知道大家有没有过这样的经历：我们在听别人讲话的时候，明明已经很认真地在听了，但还是有一种迷迷糊糊、一知半解的感觉。难道真的是我们的悟性太差吗？其实不一定，有可能是对方没有表达出中心思想。

演讲为什么要先表达中心思想？举一个简单的例子，你就明白了。

工作中，假如我们需要向老板建议：为了提高品牌的知名度，我们需要在电视台投入公司的广告。

在提这个建议的时候，假如我们这样跟老板说：

1. 最近店里的销售情况不是很好。

2. 听说现在大家都喜欢买在电视上出现的品牌。

3. 因为现在的产品太多，所以大家更信赖电视台的公信力。

4. 我们公司的品牌，从建立到现在只在报纸上做广告，还没有在电视上做广告。

听到一半的时候,老板就会不耐烦地打断我们:"问你到底想表达什么?"

所以,在跟老板沟通的时候,必须先给出中心思想:"为了提高品牌的知名度,我们需要在电视台投入公司的广告。"然后再向老板具体说明,为什么在电视台投入公司的广告,能够提高品牌的知名度。

这是工作中的例子,放到演讲上来说,更是如此。现在是信息爆炸的时代,观众只要在两分钟内还没有听懂我们在讲什么,就会开始走神。大多数人已经没有耐心听我们娓娓道来,跟着我们一点一点地去推理和思考。他们需要的是开门见山,需要一开始就知道我们接下来要讲的内容是否与他息息相关。

我问过很多发表过公众演说的人,发现大家都有一个共同的问题,那就是会高估自己在观众心中的位置,总是觉得,只要往台上一站,所有人都会从头到脚、聚精会神地关注自己。然而,残酷的事实告诉我们,观众并没有那么关注我们,更没有我们想象的那么有耐心。

对于观众而言,听演讲本身就是在接受大量的信息。所以,我们要在一开始就讲出中心思想,才能尽快让观众知道我们要表达什么。这时,他们可能会对演讲的主题产生疑惑,或者产生兴趣。只有这样,才能让他们听下去,这才是一个好的开始。

第二部分:正文

上文说过,好的演讲,就是观众听完之后,能够用一两句话概括出演讲的内容。要做到这一点,光是开头点题还不够,正文也要做到逻辑清楚层次丰满。要从理论上一步步说服观众,从内容上一步步吸引观众，从情感上一步步感染观众。

具体来说，正文部分一般有两种形式：

1. 并列

围绕中心论点，摆出分论点和论据，跟议论文类似。

2. 递进

由浅入深、由表及里地对论点进行阐述。

在演讲的内容部分，并列和递进这两种形式，一般都会用到。比如，总论点下面的分论点，可以用并列的方式来呈现；分论点下面的论据，可以用递进的方式进行阐述。

演讲的内容部分，是整场演讲最重要的部分，占用的时间也最长。正因为如此，会遇到观众走神的问题。针对这个问题，我有一个很好用的小窍门，就是在讲每一个段落时，在开头的第一句和最后一句，都分别强调一下中心思想，也就是分别点一次题。因为我们整场演讲说的所有的话，都是为中心思想服务的。多点几次题，一来可以防止观众走神，二来可以加强观众对主题的印象。

第三部分：结尾

一场演讲，如果有点题，有正文，但没有总结，这就不是一场完整的演讲。因为一开始观众知道我们要讲的内容，也听了我们讲的原因，但是有可能因为内容太长，讲到最后，观众对我们的中心思想已经开始模糊。所以，在演讲的最后，一定要再次点题，用词要干脆利落，掷地有声，帮助观众加深对主题的印象，让我们的演讲走进他们的内心。

在结尾的时候，可以通过以下几点做到再次点题：

1. 总结回顾本次演讲的重点。总结时，可以用排比句等形式增强演讲的节奏感，也能为自己的演讲增加气势。

2. 借用金句强调主题。金句很容易给人增加印象，在结尾的时候给出金句，可以提升演讲的感染力，加深观众印象。

3. 结合演讲的内容，提出一些实质性的呼吁。在演讲的结尾处，以情动人，用慷慨激昂的语言带动观众的情绪，号召大家在演讲结束后行动起来，燃起观众的热情。

好的演讲，就是观众听完之后，能够用一两句话概括出演讲的内容。用经典框架演讲，是达到这种效果最简单的方式。

🎤 怎么写演讲稿

很多人问我,"怎么写演讲稿?"每次听到这个问题,我的第一反应就是:演讲稿不是写出来的。

我知道,很多人拿到演讲题目后,做的第一件事就是坐下来构思演讲稿。但结果往往不太好,要么什么都写不出来,要么是写出来了,讲出来却不是想要的感觉。

为什么?因为写作的逻辑和演讲的逻辑是不同的。二者最大的区别,就是速度——文章的速度是由读者控制的,而演讲的速度是由讲者控制的。

所以,写作的时候可以用很优美的文字,因为读者有时间反复看。但是演讲稿,必须用通俗易懂的词汇,因为观众在现场听的速度是与你同步的,如果你用的词没有让他立刻听懂,他就会思考你所表达的意思,他一去思考,就跟不上你的演讲节奏,从而放弃听你的演讲。

比如,写作时你可能会写"他的一番话让我恍然大悟",但在演讲时,就不如"他的一番话让我明白"来得更直接。再比如,书面语"那一刻,他泰然自若"就不如口语"那一刻,他很淡定"更合适。

所以,演讲稿不是写出来的,而是讲出来的。

敲定演讲稿,有三个步骤:

一、讲

把想讲的内容直接口述,同时用录音录下来,这样在讲的过程中,就不会出现那种文绉绉的字眼。

二、写

将讲述的录音整理成文字版,这就是讲稿的初版。

三、改

在初版讲稿的基础上进行修改和完善,修改的过程中,要避免使用书面语。

经过这三个步骤"讲"出来的演讲稿,就不会有很书面的感觉。

演讲稿是先写再讲,还是先讲再写,并没有固定规矩。高手发展到最后,都是很随性的,但对于初学者,我还是建议你先讲再写。

有人可能会说,既然演讲稿是"讲"出来的,那还有必要"写"出来吗?

我认为,很有必要。写演讲稿,有以下三大好处。

一、理顺逻辑

写演讲稿最大的好处,就是能够从头到尾地把自己的演讲逻辑理顺。虽然演讲稿是讲出来的,但讲的遍数再多,没有文字记录也难以回溯,更难以发现讲稿的问题;无法直观地回顾自己的讲稿,也就无法理顺讲稿的逻辑。讲十遍也不如在纸上写一遍的效果好。

二、激发灵感

有些时候,我们看自己的讲稿,会迸发出许多新的小灵感。所以,我每次在看演讲稿的时候,旁边都会准备草稿纸,把忽然想到的灵感写上去。这些灵感也许这次用不到,但说不定哪次就用到了。这些灵感,往往是在看文字版讲稿的过程中才会涌现出来的。

三、控制时间

写演讲稿还有一个好处,就是便于我们控制演讲时间。尤其是当我们需要做短篇幅的演讲时,演讲稿几乎是必备之物。你需要先测试自己平均一分钟能讲多少个字,然后按照规定的演讲时间推算出你需要讲多少个字,之后不断测试和调整你的稿件,直到达到最合适的字数区间。这样再上台,时间控制上就十拿九稳了。

准备演讲,最好写逐字稿。

有学生问过我这个问题:"要不要写逐字稿?"如果你是初学者,我建议你一定要写逐字稿。

什么是逐字稿?简单来说,逐字稿就是在你的演讲内容准备得差不多之后,你要通过记忆,将你准备在台上说的每一句话,都逐字逐句地写出来。

写逐字稿这个阶段千万不要跳过去。事实上,每一位演讲高手都有写逐字稿的经历,写逐字稿对训练演讲者的逻辑非常有帮助。

哪怕是超级演讲高手,在面临无比重要的场合时,也会写逐字稿。我参加《超级演说家》的时候,不管你是多厉害的选手,都要求你写逐字稿。因为逐字稿可以帮助我们做到不说废话,没有赘字。当然,逐字稿还有另外一个好处,就是可以严格控制时间。

2019年7月,我得知自己将和格力空调总裁董明珠女士同台演讲,而我的演讲时间只有30分钟。当时我就思考,如何能够在保证精彩的前提下,又做到严格控制时间呢?

于是,我提前两个月写下了逐字稿,然后不断打磨,不断彩排,不断调整。终于在演讲的当天,做到零失误,博得满堂彩。

写逐字稿能帮助我们把控时间,让我们在心态上更有把握,在舞台上表现得更加从容。

写演讲稿有哪些注意事项?

1. 快写慢改

在演讲圈流行着这样一句话,叫作"好的稿子不是写出来的,而是改出来的"。

高手的演讲稿,一般都是先完成,再完善,最后才完美的。所以,在写演讲稿的时候,不必一开始就追求完美,好的稿子,都是通过修改才逐渐趋于完美的。初稿的任务,只是为了完成一个从无到有的过程。稿子有了雏形,再慢慢修改。

改稿子其实比写稿子更难，因为只要你想更好，就总是可以找到更好的表达手法。你改动的地方越多，说明你的进步越大，你的稿子距离完美也就越近。

所以，写演讲稿的注意事项之一，就是快写慢改。用最快的速度先完初稿，再花时间慢慢打磨成稿。

2. 尽量用短句子和短段落

因为演讲稿是讲给观众的，所以在写演讲稿的时候，一定要考虑观众的感受。句子如果太长，容易让现场气氛沉闷。要尽可能使用短句子，这样才能更好地把握住演讲的节奏，观众听起来也更舒服。

避免出现长段落也是相同的道理。在演讲中，无论是讲故事还是讲观点，都不宜大段大段地讲，要力求在最短的篇幅里把观点讲清楚，把故事讲完整。如果一个故事占用演讲时间的五分钟以上，那是非常危险的，因为观众很难保持那么长时间的专注力。

在我演讲的经历中，哪怕是长达两个小时的演讲，我也会尽量把每一个故事的时间控制在两到三分钟内，极个别的故事才会占用5分钟的篇幅。

而短句子和短段落，可以更好地保持演讲的节奏感，让观众听起来更轻松。

3. 能写详细内容的，就不要只写大纲

完备的演讲稿，有利于演讲者自如地发挥。对于演讲初学者来说，也存在不写演讲稿只写大纲的情况。

比如，你去一个场合，到了之后，主办方在没跟你打招呼的情况下跟你说："待会儿的某个环节，你上去讲两句。"在这种

你压根儿没有时间写稿件的情况下，大纲就派上用场了。列出一个大纲，想好关键词，根据大纲简单打一下腹稿，也就差不多该上台了。

还有一种情况是，你讲的内容都是你熟知的专业内容，并且现场没有给你规定时间，你的发挥空间相对自由，那么你就可以在演讲到来的前几天，简单做一下大纲，不必写逐字稿。

当然，如果你已经是演讲方面的高手了，既能出口成章，又具备对时间的把控能力，那你就可以演讲前只写大纲而不写逐字稿了。

前面我们谈到，写演讲稿要快写慢改。在改的过程中，我也有几个小方法分享给大家：

初稿完成后，你可以先讲给自己听。在讲的过程中梳理逻辑，遇到不通顺的地方，及时修改。

自己觉得演讲稿改得差不多了，可以尝试着讲给别人听。讲给别人听的重点，在于讲完之后听他的反馈，再根据他的建议进一步做修改。

很多人都能做到前两点，但是如果你能做到第三点，那你就能提前站在观众的角度感受自己的演讲稿，并据此完善自己的演讲稿。这神秘的第三点，就是让别人讲给你听。因为通过别人的讲述，你才能知道观众通过你的演讲收获了什么，以及你的演讲是否能真正表达出你想表达的内容。

怎么样，写演讲稿不会再发愁了吧？

🎤 怎么记演讲稿

很多人在写完演讲稿后,因为经验不足,很容易碰到的一个令人头疼的问题,就是如何快速把里面的内容记下来。

这个问题不搞定,恐怕就要在台上出糗了。特别是当你面对的是长篇演讲时,这更是一个大挑战。

在回答这个问题之前,先问你另外一个问题:如果让你看《泰坦尼克号》这部电影,让你看完以后从头到尾把情节讲一遍,你有压力吗?相信没多大压力吧。但是如果让你看《泰坦尼克号》的剧本,再让你重复一遍情节呢?我估计你可能会抓狂。

我小的时候,每次在电视上看完精彩的动画片,第二天总能兴高采烈地向同学们讲述动画片里的内容。哪怕为了完成作业,只是匆匆看了一小会儿,也不会影响我对动画片的记忆效果。但是如果让我重复昨天学习的课文,我就哑口无言了。

所以,发现了没有?我们无论是看电影还是动画片,都会比看文字更容易复述出它的内容。这是因为画面本身就对我们的记忆有更大的刺激,我们更容易记住有画面的内容而不是文字内容。那么,我们怎么把这个发现应用在记忆演讲稿上呢?

一、画面记忆

> 2019年3月份,陶虹姐接到中央国家机关举办的"三八妇女节"的演讲邀请,在筹备期间,我有幸与陶姐一起工作,辅助她完成稿件。
>
> 我们一起经历了紧锣密鼓的筹备,在准备的过程中,我发现陶虹姐记演讲稿简直是一流,便忍不住问她秘诀。
>
> 陶虹姐说:"记演讲稿跟记台词一样,心中先有相应的感受,然后在脑海中形成画面,多过几遍,台词自己就出来了。"

画面记忆是记演讲稿的一大秘诀,把演讲稿中出现的场景、人物、对话,都在脑海中想象成一幅幅画面。这个道理特别简单。当你回忆最难忘的那段恋情时,你首先想起的一定不是你们谈恋爱时的某段对白,而是你们曾经约会时的场景,或者是一起做某件事情时的画面。想到场景和画面之后,你可能才会想起当时的浪漫对白。

所以这些画面最好是动态的影像,而不是静止的图画;最好是具体的场景,不是抽象的画面。这样,只要你想到演讲稿,首先想起的,就是相应的影像和场景,自然就更容易把影像对应的内容讲出来了。

在记忆演讲稿时,有了画面,就容易勾起你的情绪;有了情绪,就更容易记起你的讲稿内容。你还可以把稿子中涉及的所有画面都联系起来,为它们安排好先后顺序,这样,当你讲完第一个场景后,第二个场景自然而然就跳到你的脑海中,不会出现记忆断层。

二、关键词记忆

这是记演讲稿的第二种方法,也就是把所有的关键词写下来。如果是短篇演讲就写一个,如果是长篇演讲就把每一段的关键词都写下来。

那么,什么是关键词呢?是你一看到这个词,就能激起你的情绪,让你想起讲稿内容。

在我学表演的时候,游本昌老师就经常问我:"你这一场戏的关键词是什么呢?"对于表演来说,当你找到这场戏的关键词,哪怕你演到一半,忘了原来的台词是什么,你也能很好地处理后面的情节。

比如,我要演的是情侣之间的一场戏,关键词是分手。那么我脑海当中只要牢牢记住,这一场戏的目的是分手,我所有的台词和行动都是围绕分手的,即使具体的台词会记错,整体的方向也不会错。

演讲亦是如此,当你脑海中有了一个关键词,它就会紧紧引领你往既定方向去,而不至于让你完全忘记要讲什么。你还可以把关键词和想象出的场景联系在一起,这样就更利于记忆了。

三、重复记忆

前面章节里在提到演讲稿的准备中,我建议大家一定要写逐字稿。在记忆演讲稿的时候,逐字稿又一次能够发挥作用了:你可以把你的逐字稿抄一抄。

准备好纸和笔,把你的逐字稿一句一句抄写在纸上,在抄写的过程中,重要的内容就会储存进你的记忆。当然,你也可以用打字的方式代替手写。电脑打字和手抄文字都是通过大脑的视觉神经将学习到的信息转化成记忆,一样具有加深印象的效果。而且,电脑打字的速度更快,如果你觉得这种方式能帮助你记忆,那么不妨利用电脑打字节省下来的时间,多打几遍。

在上台演讲之前,能够把演讲稿的内容记熟自然是最好,如果不能,也不必强求自己一定要一字不漏地背下来。毕竟,演讲不仅仅只有一个"讲"字,"演"也很重要。机械地背诵演讲稿,未必是一件好事。声情并茂的演讲,才更有感染力。只要记住演讲的主题、大部分的内容和一些小的细节,不能完全记住也没关系,给自己一定的发挥空间,或许更有助于临场发挥。

但是,假如因为紧张,真的完全忘了演讲的内容,该怎么办?那就需要我们完全临场发挥了,这种情况很考验我们的心态和应变能力。

首先,当你发现忘了接下来要讲什么时,不要慌,你可以试着向观众提出一两个与主题相关的问题,趁着观众思考问题的空当,迅速搜寻记忆。

除了向观众提问,你还可以顺着讲过的内容进一步作延展,自由发挥。或许讲着讲着,下面要讲的内容就又想起来了。

如果实在想不起来,也要稳住心态。大不了把这一段跳过,用几句过渡语,直接换到下一段内容。

总之,记演讲稿,并不是一味地死记硬背,重点是记住其中的关键点,多加练习,巩固记忆。练习的时候,也不要只顾着记忆演讲稿中的内容,还要加上演讲时的手势等,做到"演"与"讲"搭配记忆。

听别人的演讲，比开口练习更重要

经常有学生问我："为什么我每天写演讲稿，每天练习演讲，但是演讲水平却一直没有提高呢？"

每次听到这样的问题，我都会反问一句："最近你听了多少场演讲？"

这句话，往往会把他们问得哑口无言。

从我开演讲课开始，我听到很多人对我说，自己要好好练习演讲，却很少听到有人告诉我，最近听了谁的演讲，有怎样的收获。

在我看来，学习演讲，比开口练习更重要的，是学会听别人的演讲。

这就像写作一样，想要文思泉涌地输出，必须先做到源源不断地输入。古人云："书读百遍，其义自见。"读的书多了，自然能轻松领会书中的道理，进而写出好文章。

我们在学英文的时候，都知道有听、说、读、写、译这几个训练部分，尤其是听力，这是非常重要的一个环节。假如你不知道什么是正确的发音，就很难发出正确的音。如果你听到的发音都是不标准的，那么你自己的发音也不会标准。

演讲也是一样，不仅要练习讲，还要学会听。好的演讲听得多了，自然就知道自己的演讲该如何调整。如果你都不知道好的演讲是怎样的，那你努力的方向又是什么呢？

所以在演讲训练中，我会训练学生不断开口演讲，也会训练学生大量去听，因为说是一种能力，而听是一种境界。想要听别人的演讲，可以多参加线下的演讲活动，这样，不仅能真切地感受现场的氛围，还能得到与大咖面对面交流的机会。更方便的一种方式是，搜索网上的演讲视频，如《超级演说家》《我是演说家》等。

我现在每天都听演讲，不但参加线下的演讲活动，还看演讲视频，如果时间紧张，就改成听演讲音频。多听别人的精彩演讲，每听一次都会有不同的收获。

有些学生也会听别人的演讲，但是我发现，大多数人只是单纯地听，听完后，就结束了。作为演讲者，在听别人演讲的时候，一定要有目的地听，懂得关注重点。

听别人的演讲，主要应关注哪些内容？

一、故事

每一场演讲，几乎无一例外，都会有讲故事的部分。如果你听到的演讲中，有一个故事击中了你的内心，让你的情感产生了某种波动，那么恭喜你，你遇到了一个好的素材。这个时候，一定要立即把这个故事记下来，日后你讲类似的主题时，也可以讲这个故事。

你可能会问：讲别人讲过的故事，不等于抄袭吗？

如果你听的演讲多了，就会发现：同一个故事，会出现在不同的演讲中。在演讲中，讲别人讲过的故事，引用大家都熟悉的素材，这都是被允许的。只要你的表达方式和别人有差别，不是完全照抄就可以。

事实上，同一个故事出现在多个演讲中的情况非常普遍。比如，在鼓励大家勇于尝试的演讲中，小马过河的故事就不知道有多少人讲过。在商业演讲中，大家也很容易讲马云、马化腾等成功人士的故事。听别人演讲时，除了要留意戳中你内心的故事，也要注意别人是如何讲述这个故事的。不同的人叙述同一个故事，给人的感觉也会不同。如果你觉得别人的叙述方式很好，那这种叙述方式也是可以学习的。

二、观点

每场演讲中涉及的故事，都是为了引出演讲者的观点。而同一个故事，往往能够引出不同的观点。

我曾经听过一场演讲，讲的是与人情相关的主题，演讲者讲了一个滴水之恩，涌泉相报的故事。说的是有一个人，同事在不经意间帮了他一个很小的忙，在事情结束后他立即买了礼物送给同事，感谢同事的好意。当大家都认为这个人很有感恩之心的时候，演讲者忽然话锋一转，说很多人帮助别人只是举手之劳，并没有希望得到回报，尤其是同事之间，互帮互助是常态，如果把日常生活中的人情都当成必须偿还的债务，反而会切断人与人之间的情谊。演讲者一亮出这样的观点，我当时立即有一种新奇的感觉，并觉得他说的很有道理。

同一个故事，往往能够总结出不同的观点。在听演讲的时候，如果有哪些观点让你一听，就忍不住拍着大腿说"哎呀，为什么我就想不到这个观点"，那你就赚大了。一定要赶紧将这个故事和观点记下来，分析一下别人是怎么从一个常规的故事中提炼出非常规观点的，争取将这种方式学到手。

三、框架

每次听完一场演讲后，我最喜欢总结的，就是看别人的演讲是用什么框架来搭建的。

印象当中，让我听完之后立即从凳子上跳起来的一次演讲，就是我的好朋友崔永平在《超级演说家》总决赛上的演讲。

在那场演讲中，他首先描述了自己幸福生活的画面，让所有观众都陶醉在他的讲述中。突然，他话锋一转，跟大家说，刚刚那一切都是他编的，其实他的生活很潦倒。最后，他演讲的主题落在了自我鼓励上，告诉自己，不管生活多么潦倒，都要努力向前。

最终，他靠这样一个神奇的框架，获得了年度总冠军。

很多时候，同样的演讲内容，用不同的框架，就会呈现出不同的效果。在听演讲的时候，尤其是观众反应比较好的演讲，要多留意它的框架，多学习。

除了以上这三个方面，在听演讲的时候，也要思考三个问题：

1. 听这场演讲，我有什么感受和收获？
2. 听他讲，观众会有什么反应？

3. 如果我是他，就此篇讲稿这一内容，我如何讲得更好？

如果在听每一场演讲的时候，都能从这三个角度去思考，我相信你的演讲水平将会大幅度提升。

> 2019年有一部电影，《误杀》，票房突破了12亿，里面有一句台词我记忆犹新："当你看了1000部电影，就不会觉得这个世界上有什么奇怪的事情了。"
>
> 放到演讲中也一样，不用1000篇，当你画了100篇演讲思维导图，你的演讲结构就会非常不错了。

如果你对自己还有更高的要求，可以训练自己画思维导图，画出别人的演讲结构。比如怎么开头，怎么讲故事，怎么结尾。这样更有利于我了解别人的演讲框架，有助于我们的学习和提高。

当你画了100篇演讲的思维导图之后，我相信你的演讲结构，一定会有巨大的突破。

听别人的演讲，不仅是演讲初学者要训练的内容，就连我知道的许多演讲领域的前辈，也都依旧每天保持着这一习惯。这是一种谦虚向别人学习的心态，是很多领域的大咖所拥有的。

比如，在演艺圈，马伊琍在分享跟陈道明老师拍戏经历时说过，在那部戏里陈道明老师是客串的，戏份特别少。但是，他在现场不拍戏的时间是在看年轻演员怎么演戏，而不是在一旁刷手机、侃大山。

陈道明老师说:"我们那个年代的演员表演是带有那个年代的痕迹感的,如果带着那个年代的痕迹感在当下这个年代表演,是有可能要脱节的。虽然我是一个前辈,但我是抱着一个学习者的心态,来看你们正当年的人是怎么演戏的,我想要融入,我想要学。"

各个领域的大咖们都时刻保持着学习的心态,作为演讲初学者,为什么不养成向别人学习的习惯呢?!

一开始,你会觉得从别人的演讲中吸取精髓有点困难,甚至没有头绪。但是,相信我,只要你开始去思考,你就会越来越接近答案。

🎤 练习演讲，事半功倍的诀窍

很多学员在学习了一定的演讲知识后，会问我有没有高效练习演讲的方法。在这里，我可以向大家分享一下我练习演讲的方法。

一、向各种各样的人演讲

爱因斯坦曾经说："你的学习，如果说给6岁的孩子听，孩子不能听懂的话，那么只能解释为你对你的学习还没有真正理解！"换到演讲上，如果我们的演讲不能让6岁的孩子听懂，那说明我们还没有讲清楚。在我最初学习演讲时，为了锻炼语言表达能力，我真的去到了幼儿园，给小朋友们做演讲。

小朋友是世界上最真实的观众，他们完全不会在意演讲者有怎样的社会地位，也不会管有什么头衔，他们完全凭借感觉去听演讲。讲得有趣，他们就多听会儿；讲得无聊，他们马上就会跑掉。

给小朋友演讲，让我懂得了演讲要使用简洁易懂的语言，而不是使用高深的词汇。除了去幼儿园演讲，在练习演讲的过程中，我还做过很多让身边人觉得疯狂的事情。

我在参加《超级演说家》比赛期间，每天都会给家人讲我的稿子；去参赛的路上，在高铁站候车的时候，我找过一个看起来很闲的小哥聊天，聊着聊着，我就给他演讲了一遍；高铁上，我和邻座的朋友演讲了一遍；到酒店办理完入住手续后，在大厅里溜达的五分钟期间，把我的稿子向大堂经理讲了一遍……

正是因为我对自己的稿子做了充分的准备，所以在电视台彩排的时候，我是完成彩排最顺利的人。因此，陈建斌老师在选择队员时，把我安排为战队的种子选手，让我代表团队出征守擂。

所以，在我看来，练习演讲没有什么捷径可走，唯一的方法就是不停地讲。如果真的要说有什么诀窍的话，那就是不要只一个人默默地练习，至少要对着镜子讲，如果可以的话，跟不同的人讲，尤其是对小孩子讲。

二、借助公众承诺的力量，练习演讲

很多人说自己在训练的过程中没有动力，经常是三分钟热度；很多人说每次都是定下很多目标，到最后一个都完成不了。针对这样的情况，我给大家分享一个小技巧，督促我们完成演讲练习，不再拖延。这个技巧就叫"公众承诺"。

公众承诺很好理解，就是为了坚持练习演讲而向公众作出承诺，借助公众的力量帮助我们坚持下去。作出承诺时，我们必须是发自内心地想要兑现这个承诺，不是被迫的。被迫的承诺坚持不了太久，而且在坚持的过程中还会生出反感心理。只有发自内心的承诺，才能持久地坚持下去。

> 我组建过一个"千日演讲打卡"的挑战计划,我的很多学生都有参加。在这千日的演讲挑战开始之前,我们每个人都用录制视频的方式作出承诺,比如:"我是×××,我承诺,从今天开始,我要连续1000天每天完成3分钟的演讲并录制演讲视频,并在每天晚上12点之前将视频发布。如果没有做到,失信一次罚款1000元。"在1000天的挑战中,很多学生都没有失信,每天都上传一段三分钟的演讲视频,甚至经常超额完成任务。

上面的例子就体现了公众承诺的力量。在生活中我们容易拖沓,那是因为拖沓的成本太低。而公众承诺最大的好处就是能让拖沓的成本变高,高到我们必须全力以赴,兑现承诺。

做公众承诺时,可以用口头承诺的方式,也可以用书面承诺的方式,或者参考我们的"千日打卡"挑战计划,用录制视频的方式承诺。在承诺时,先说我是谁,再说我要做什么事,并且承诺要在什么时间段完成。如果愿意的话,可以加上惩罚机制,也就是如果没有完成,要接受什么惩罚。惩罚机制可以是罚款,也可以是体能方面的,比如惩罚自己跑步一小时;或者声誉方面的,比如发朋友圈向大家承认自己违背承诺等。

做公众承诺还有一个好处,就是当我们兑现承诺时,我们已经创造了一个属于自己的故事。这个故事中,我们有喜怒哀乐,有心路历程,还有各种细节,这都可以成为我们演讲中的素材。我和我的学生们挑战 1000 天演讲，这就是一个很好的故事，而且故事中的内容很丰富，不仅可以作为演讲案例，甚至可以写成一本书。

三、练习演讲，要"训练失误"。

如果说训练演讲还有什么诀窍的话，我想就是要训练失误。

很多人在做演讲训练时，总是这样的状态：还没说几句，就因为说错了某句话，或者说得不够精准，就从头开始。说到中间卡壳了，又重新开始。结果练了两三天，最熟悉的就是开头的三句话，后面的内容，甚至一次都没有练习到。这样练习，效率低还在其次，关键是在这个过程中，自信心被磨没了。

其实，在练习的时候出错，是任何人都无法避免的。我们要训练自己处理失误的能力，而不是遇到失误就从头开始。很多演讲高手，他们也会出现失误，甚至在台上也会说错话。可高手之所以被称为高手，就是因为他们的技术非常娴熟，他们能自如地处理失误，让台下的观众毫无察觉。他们的秘诀，就是在日常的练习中训练失误。

训练失误，也就是我们在练习演讲的时候，如果出现错误，不要重新开始，而要接着这个错误的地方往下说，直到把整篇演讲练习完。

这样长久练习，我们会有两点提升：

1. 从技巧上说，每次遇到问题，我们都在想怎么顺下去的办法，如果以后在台上遇到类似的问题，我们处理起来就会更加得心应手。

2. 从心理上说，当我们之后在台上出现卡壳等问题的时候，就有了心理准备,因为已经不是第一次遇到类似问题了。这种平稳的心态,往往比演讲技巧更宝贵。

在演讲的舞台上,如果我们真的失误了,观众不可能给我们重新开始的机会,我们只能想办法跳过去。所以,在日常练习中,我们就要训练自己应对失误的能力。

掌握一些练习演讲的小诀窍,能够让我们的练习事半功倍;而更能提升演讲水平的,是加大练习量。对不同的人讲,在各种场合讲,练习语言,练习胆量。

🎤 看电影,也能练习演讲

很多人都喜欢看电影,但是大多数人只是把看电影当作一种消遣娱乐的方式。其实,看电影是一种非常好的练习演讲的方式。

为什么这么说?

我总结了电影的三个要素:

1. 跌宕起伏的剧情。
2. 丰富的细节、对话、人物。
3. 正面的价值观(绝大部分的电影传递的价值观是正面的)。

怎么样,这样一分析,是不是觉得电影跟演讲很像?

所以,电影训练法是我个人在演讲教学中时常推荐使用的一种方法。

我把电影训练法的流程总结为四步:

一、看完电影之后,把电影情节讲一遍

一部电影的时长通常是 90~120 分钟,看完电影后,我们可

以花十分钟的时间,把电影情节讲述一遍。

讲述电影情节,主要是为了训练我们的描述能力。如果我们能够将一部情节复杂的电影描述得既清晰明了,又生动形象,面对不那么复杂的演讲时,会更加得心应手。

讲述电影情节,不需要面面俱到,只要把电影最重要的线索串起来,讲清楚即可。

之所以规定用十分钟的时间来讲述,也是为了强化我们的逻辑,帮助我们摒弃繁杂的旁支,迅速理清思路。

二、加入自己的感受和想法,再讲一遍

当我们能够在十分钟之内顺利描述电影情节后,可以开始在讲述的过程中加入自己的思考。比如说,讲述完电影情节,可以再讲讲这个情节带给你的感受,或者整部电影传递的价值观,让你有了什么新的感悟。

小的时候,同学之间最喜欢做的事情,就是在上课前一起谈论昨晚看的动画片是什么情节,而最热闹的时候,就是大家分享自己对主人公的看法。可能是小时候参加过的类似讨论太多了,让我养成了积极思考的好习惯。

我们看完电影后,对电影的内容和传递的观点进行思考,会使我们整个人的思想维度得到提高,久而久之,演讲也会更有深度,与众不同。

三、为电影修改结局

不知道大家有没有过这样的经历,看完一部电影之后,对电影的结局有看法。哪怕知道这是导演艺术化的处理,还是会不太满意。

一千个观众眼中有一千个哈姆雷特。许多人对同一部电影的结局看法往往是不同的。当我们不满意一部作品的结局时,可以尝试着站在编剧的角度去修改,把它改得更好。

记得我第一次看电影《泰坦尼克号》的时候,看到男主角死去,觉得悲伤难耐。我就在脑海中幻想,如果男主角没有死,那他和女主角会不会在一起?两个不同阶层、不同背景的人在一起会如何生活?他们会幸福吗?还是会像普通人一样,夫妻二人每天因为各种鸡毛蒜皮的小事吵架?基于这些幻想,我为《泰坦尼克号》写了很多种不同的结尾。这种方式不仅拓宽了我的思路,还让我在演讲中运用素材时更灵活,也加深刻地明白:不同的结尾,折射出的现实和人性是不同的。

修改电影结局,是创造力的体现。放在演讲上,用我们的创造力赋予演讲一个好的结尾,更容易抓住观众的心。好的结尾能够给观众最后一击,让观众对我们输出的观点产生不可磨灭的印象。

四、总结电影带来的收获

每次看完电影后,最好都总结一下这部电影带给了我们怎样的感受。虽然看完电影后一定会有感触,但只有总结出来,感触才能真正转化成我们的收获。

每一次演讲,考验的是我们对生活的总结能力,所以,总结电影带来的收获,能帮助我们提高演讲水平。

每次看完电影后,我会要求自己写出十个总结,每个总结都用一句话来概括。如果写不够,就不能走。有一次,我在电影院写总结,还没写完,下一部电影就要开始了,观众已经陆续进场，我只好又买了一张电影票，在座位上写完才离开。

写电影总结，不要只局限于自己写，写完之后，可以再去网上看看别人写的，比较一下。别人总结的点，可能是我们从来没有想到的，或者别人比我们想得更深刻。把自己的总结和别人的总结整理在一起，就能成为我们的素材库，等到需要用的时候，从中挑选一两个，再结合其他案例，就能组成一篇不错的演讲稿。

想要成为一个好的演讲者，我们不能仅仅满足于把电影故事完整地阐述出来，还要从认知上升级思维。完成了前面的四步基础训练之后，我们还要在这个基础上做一次升级。

怎么做？带入角色解读电影！

不同的人，看问题的视角是不一样的。针对同一部电影，我们可以试着把自己带入不同的角色，重新审视电影中的事件。

一、站在主角的角度

绝大部分的电影，都是站在主角的角度去阐述故事的。所以，站在主角的角度审视电影中的事件，这个训练难度不大。

二、站在反面角色的角度

站在反面角色的角度去看待电影故事，可以训练我们的换位思考能力。

许多科幻片的主题都是以外星人入侵地球展开的，可是，你有没有想过，外星人为什么要入侵地球？如果能够站在外星人的角度思考这个问题，把他们的入侵行为合理化，我们的认知和思维能力就能上一个新的台阶。

这种换位思考的能力以及思维的提升，对提高我们演讲的立意深度，是非常有帮助的。

三、站在非人类的角度

我们解读电影故事，无论是站在主角的角度，还是站在反面角色的角度，都属于是站在人的角度。但是电影的丰富之处，就在于电影中不仅仅只有人，还有动物、植物、物品、时代等。

比如说，一栋大楼倒塌，是悲剧还是喜剧？回答这个问题，取决于我们站在哪个角度。

如果站在人的角度，这肯定是一个悲剧。但是想一想那些大楼里的老鼠，大楼倒塌，吃的东西撒一地，它们不就可以大胆地去尝美食了……对它们来说，这是悲剧还是喜剧呢？

训练自己站在非人类的角度思考电影，能够进一步提升我们的思维认知能力和辨析能力，进而提升我们的演讲才能。

人类学习技能的过程，就是从模仿到原创的过程。只要我们有心，就可以从众多电影中归纳总结出规律和特点，为己所用。所以，从现在开始，在把电影作为娱乐项目的同时，千万记得从中吸取提升自己演讲能力的精华！

🎙 怎样找到自己的演讲风格

经常有人对我说这样的话,"我知道演讲者应该形成属于自己的演讲风格,但是怎么做才能找到自己的演讲风格呢?真的感觉好难呀!"还有人问我,"演讲是不是跟写作一样,只有很高级的作家才称得上拥有自己的文风?演讲者是不是也要达到很高的段位,才配拥有自己的风格呢?"

其实,我们没有必要给自己设限。不必给自己类似"只有很厉害以后,才……"这样的暗示。就像找到自己的演讲风格这件事,只要你愿意,即使你是新手,也可以找到属于自己的风格。

那么,演讲风格从哪儿来呢?当然是从自己身上来。我们要先了解自己,再找属于自己的演讲风格。

第一点:了解自己

有一句很经典的话,叫作"如果你想要改变这个世界,那你先要了解这个世界"。

这句话套用在寻找演讲风格上也同样适用,"如果你想让自己成为演讲高手,那你先要了解自己"。

你真的了解自己吗?我想每个人面对这个问题,可能都会迟疑。比如,如果我问你,你有什么优点,又有什么缺点?你最擅长什么,最不擅长什么?你能清楚地列举出来吗?

每个人都有各自的性格,反映在演讲上,每个人的长处和短板都不尽相同。

举个例子,我的性格属于活泼外向的类型。当我在演讲时,我的长处就是在描述一件事情的时候,总是可以把它讲得绘声绘色。而且,我总能保持激情,看上去充满活力。但是,像我这种性格的人,在讲话时最常出现的问题,就是话多且无重点,讲话太发散,讲得多了,观众都听烦了。

我的一位朋友,他的情况跟我完全相反。他的性格比较内敛,思维也比较缜密。他演讲的长处是逻辑清晰、考虑周全,该讲到的点全都能讲到。但是他的短板也很明显,那就是讲话没有感染力,过于保守。一件明明很有趣的事情,经他一描述,往往会变得平淡无奇。

因此,我们在做演讲之前,应该先了解自己的性格特点,从性格特点出发,找到自己的风格。

第二点:了解自己的性格特点与找到演讲风格之间的关系

在演讲方面,我们可能很羡慕马云、王健林、乐嘉老师等大咖,在学习演讲的时候,也会有意无意地去模仿他们。但是,大家可能未必知道,这些大咖的演讲风格不一定真的适合自己。

我的一个朋友,他就很喜欢乐嘉老师的演讲,觉得乐嘉

老师在舞台上很有爆发力,无论讲述什么样的故事,都像是在舞台上重现一样,能给人带来震撼。因此,他把乐嘉老师作为自己练习演讲的标杆,努力模仿乐嘉老师演讲的语气和风格。可是,无论他如何刻苦训练,都很难达到乐嘉老师的演讲水平。

究其原因,是因为他的性格偏向保守,而乐嘉老师性格张扬。性格太过保守的演讲者,情境再现的能力一般都很弱,这类演讲者在演讲时,就应该尽量避免使用情境再现的方式,而不是盲目努力。我的这位朋友,虽然他不适合使用情景再现法,但他非常注重逻辑,因此,最适合他的演讲方式其实是靠强大的逻辑结构,缜密的表达。当我帮助他指出这一点之后,他的演讲水平很快就有了大幅提升。

所以,如果我们都能寻找到自己性格中的优缺点,发挥自己性格上的优势,找到自己独特的演讲风格,就可以打造出属于自己的、最强有力的个人舞台魅力。

尤其是对于那些性格内向、害羞、缺乏自信、不善言辞的朋友而言,找到自己性格上的优势尤其重要。

第三点:通过了解自己,找到演讲风格

通过了解自己找到演讲风格的方式有很多种。比如,可以把自己当成另外一个人,用第三视角来观察自己的行为并每天记录。将记录下来的这个"自己"与知名演说家进行匹配,看匹配度最高的演说家他有怎样的演讲风格,那我们可能也适合类似的演讲风格。

或者,可以通过询问身边最亲近的人,了解你是怎样的一个人，再将这个"自己"与著名演说家进行匹配，进而找到自己的演讲风格。

以上列举的，都是找演讲风格的常规方法。接下来，我要跟大家隆重推荐一套超强的工具。这套工具不仅帮助了我自己，也帮助我身边的很多朋友找到了他们的性格奥秘。

它就是乐嘉老师一手打造的"性格色彩理论"工具。通过性格色彩找相对应的演讲风格，这种方式既专业，又准确。

这个世界上的人，无论多么的复杂，在其行为的背后，都有一套可循的规律。"性格色彩理论"工具就帮助我们总结了这些规律，并且用通俗易懂的方法，让我们掌握这些规律，从而发现自己的性格奥秘。

演讲学得不好，可能是你没有了解清楚自己的性格，只不过演讲将问题呈现了出来。

比如说，一个在生活当中不怎么在乎他人感受的人，他上台演讲时最容易出现的一个问题，就是只顾自己讲得爽，完全不顾及观众的感受。

在这种情况下，如果单纯去打磨他的演讲技巧以及修改演讲稿，是完全治标不治本的。下次换一篇稿子，依旧会遇到同样的问题。这就是由性格导致的核心问题，从性格方面入手，才能根本解决问题。

乐嘉老师是《超级演说家》和《我是演说家》两个节目的导师。他在海选阶段选定的选手，几乎一开始都不被大家看好。但是，乐嘉老师运用性格色彩理论帮助他们认清自己的性格奥秘之后，他们的演讲水平竟然有了脱胎换骨的改变，甚至最后拿到了全国总冠军。

演讲风格是性格的体现,先清楚地了解自己,演讲风格才能自然而然地形成。

🎤 演讲前需要做哪些功课

在我开演讲课之前，有一位老前辈对我说，要开课，首先要了解受众的需求。如果课程内容不符合受众的需求，课程讲得再好，即使免费也会遭人嫌弃；如果受众刚好需要这样的课程，即使课程不够完美，只要别人能够从中提取到对自己有用的价值，即使高价也会有人愿意购买。

开课是这样，演讲也是这样。在演讲之前，要知道观众是谁，了解观众的需求，才好"对症下药"。除了了解观众，在演讲前，首先需要了解演讲的场合。

我们先假设两个场景。

第一个场景：在炎热的东南亚海岛，一个人待在凉爽的空调房，喝着冷饮。

第二个场景：在寒冷的西伯利亚，一个人穿着短袖短裤，光着脚，在暴风雪里吹风。

是不是第一个场景让人觉得很舒服，而第二个场景给人的感觉很难受？

我们把这种场景假设类比到演讲台的场景上。

第一个场景：在轻松和谐的现代工业风书店里，面对年轻有活力的听众，演讲者一字一顿地做着机械的报告式演说。

第二个场景：在一个庄严肃穆的礼堂里，听众西装革履，神情严肃，演讲者却穿着花里胡哨的衣服，在台上抖机灵、讲荤段子。

这两种场景，是不是让人感觉很不和谐？

演讲不分场合，不看观众，最后可能会造成让人非常尴尬的结果。这就需要我们在演讲时做到因地制宜，因人施讲。

演讲的场景有很多，可以归纳为三类：

1. 正向场合
2. 反向场合
3. 中性场合

正向场合的特点是严肃。这里的严肃不是指要板着脸，而是指环境比较官方或正式的演讲场合，如发布会、批判大会、董事会、追悼会，国际会议等。正向场合对演讲者的着装、礼仪、素养、论据等各方面的要求都很高，如果想要展示幽默感，这种场合需要的也是具有高级感的幽默，不适合随性的小聪明或开玩笑。

反向场合的特点是宽松。这里的宽松是相对于正向场合来说的，环境相对自由，如头脑风暴会、吐槽大会等。这种场合更倾向于展现演讲者的个性，没有太多条框的约束。

中性场合不会像正向场合那么严肃，也没有反向场合那么松散，风格上比较多样，没有特殊限制。现在大多数演讲场合一般都是中性场合，比如商务演讲、知识科普演讲等。

在这三种场合中，中性场合是最容易把控的场合，正向场合过于严肃，反向场合过于松散，都容易给人不太舒适的感受。如果想要在正反两种场合中达到不错的效果，需要运用一定的技巧来调和气氛，调和的好，则是一场高级的演讲。

比如很多正向场合的发布会，演讲人在遵循正向场合的特点时，适当讲一些笑话，能给严肃的场合增加一丝活泼气氛，调动现场观众的情绪。

举一个极端一点的例子，追悼会是很严肃悲伤的场合，但作为逝者生前的好朋友，在发表演讲时，讲一些逝者在世时的趣事，能够有效化解悲伤情绪，反而起到更好的效果。

在任何演讲场合中，掌握和拿捏分寸都是一门艺术。这种拿捏，就是定好演讲的基调。

大多数演讲场合一般都是中性场合。比如，在很多正向场景的发布会上，演讲人在遵循正向场合的特点时，演讲风格却偏向于反向场合的特点，笑话、包袱层出不穷，得到非常好的反响。

在中性场合中，掌控和拿捏分寸是一门艺术。说到底，其实就是定好演讲的基调。

在演讲之前，我们需要针对演讲的场合和听众，设定一个最合适的基调，就跟香水一样，虽然有前调、中调和后调，但是中调才是香水最真实的味道，也是让大家感到舒服的味道。

整场演讲，你的所有词语、情感、表现，都要建立在这个基调上。去不同的场合，见不同的人，你需要用最合适的香水，最舒服的基调。

演讲前，要根据场合定好演讲的基调。同样地，也要根据观众，定好演讲的内容。

为什么要根据观众定好演讲的内容？要回答这个问题，需要先明确演讲的目的来自哪里。演讲的目的，一定是从观众身上来的，而不是完全从自己身上来。就像在我开演讲课前，前辈对我讲的话一样。你演讲的东西有没有价值，不是由你决定的，而是由观众决定的。即使你是某个领域的专家，即使你演讲的目的是向其他人介绍你最熟悉的内容，但对观众来说，他们需要的侧重点也不尽相同。这就需要我们通过以下几个方面提前了解观众的需求，并以此准备我们的演讲内容，以符合他们的需求。

1. 了解大部分观众的学识水平。

2. 了解观众之前是否听过类似的演讲。

3. 了解观众最想听的内容是什么。

4. 了解观众还有无其他额外期待。

对观众的需求了解得越详细，演讲者的心里就越有数。著名表演艺术家张家声老师叮嘱过我："上台讲话的人，心里一定要有'1∶100'的概念，即使你在台上只准备讲一个点，你的心里也要有100个点作为支撑，这样你在台上才有底气。"这句话反过来讲也同样适用，演讲者心中有100个点作为支撑，但在一场演讲中，只能讲1个点，选择哪个点来讲，取决于观众的需求。

那么如何知道观众的需求，有以下三种方式：

一、向主办方咨询

这是每一个演讲者都能做的最简单的调查。谁介绍你来演讲的？谁邀请你来演讲的？主办方的核心负责人，就是你可以咨询的对象。你向主办方咨询观众的需求，除了能了解到更多信息，还会让对方感觉你是一个负责任的演讲者，这是一个双赢的过程。并且，你给主办方留下的正面印象，日后很可能会为你带来更大的价值。

二、发调查表

如果你要演讲的场合在公司内部，那么做调查表去了解大家的需求是一个非常合适的方式。在调查表中，列出你关心的问题，让负责人把调查表发给大家。

在做调查表时，有一个关键的问题需要注意。那就是最好只列出你最关心的几个问题，让大家在1至3分钟内能够填完，而不是列一大堆问题，考验大家的耐心。

三、现场观察

如果你的演讲需要跟别人拼盘，比如，主办方安排你下午登场，那么上午在别人演讲的时候，你可以去现场看看情况，实地考察记录。

游本昌老师每一次登台讲话前，都会在舞台旁先观察一段时间，看看现场的状态如何，好决定待会儿上台的时候，用什么样的状态跟大家交流。这叫作提前入戏。

乐嘉老师也很擅长用现场观察法了解观众。有一次，他参加北京的一场有 3000 名创业者出席的演讲大会。在演讲开始前，他乔装打扮，戴上假发，混迹在人群当中，观察现场听众的状态，倾听现场观众的谈话，以了解他们的需求。

现场观察法还有一个好处，就是能将现场观察到的现象放在演讲内容中，给观众带来更强的代入感和参与感。

一个好的演讲者，一定不是一个只懂得表达自己观点的演讲者，而是在表达自己观点的同时，有意识地结合观众的需求，并且根据不同的场合，奠定相应的演讲基调。

一场好的演讲，是一场听起来舒服的演讲，同时也是一场有价值的演讲。

第三章

打磨演讲稿 掌握这些小技巧

设置悬念,提高吸引力

每个人都有好奇心,在演讲中设置悬念,就是抓住观众的好奇心。我们可以在演讲过程中,抛出足够吸引观众关注的问题,或者讲出让观众热切期待的疑点,吸引观众全部的注意力来倾听我们的演讲。

人一旦有了疑虑,就会非常期待揭开谜底。有经验的演说家,都很擅长在演讲中设置悬念,从而达到演讲效果。

在演讲中,如何设置悬念,才能提高演讲吸引力呢?

一、在题目上设置悬念

一个有悬念的演讲题目,能够帮助我们吸引更多人。比如说,情景方面设置悬念的题目:"废墟中,解放军发现一张纸条,流下了眼泪",或者用数字呈现出悬念:"这样学英文,3个月超过别人学3年"。

> 有一次，我组织学员开展一场演讲比赛。比赛前一天，参加比赛的学员将最终确定的演讲题目发给了我，我编排好顺序后，发到了学员微信群。然后，学员们在群里针对演讲题目讨论了起来。他们讨论最多的一个题目叫"2+2=？"。从学员们的讨论就可以看出，一个有悬念的演讲题目还没有开始讲，就已经成功吸引了大家的注意。
>
> "2+2=？"的演讲主题是合作。学员在开场时讲："从数学上讲，2加2当然等于4。但是，在实际的工作和生活中，却经常不是这样。比如，在公司里，两个部门再加上两个部门，不一定等于4个部门。如果部门中的人互相看不惯，工作上不配合，他们的力量就会小于4个部门；如果部门中的人互相帮助，资源互补，他们的力量就不可限量。

用一个有悬念的题目吊起大家的胃口，再在演讲内容中，对这个吊胃口的题目作出合理化解释，最终，这场演讲获得了比赛的冠军。另外，演讲的题目用"2+2"而非"1+1"也是一个优势，因为"1+1"的说法用得太多了，大家已经产生了疲劳。所以，演讲题目的确定也要考虑用词的稀缺性，要让观众看到题目后，既产生强烈的兴趣，又有一定的新鲜感。

二、在开场设置悬念

在开场设置悬念,一般是提出一个吸引人的问题,或者抛出一个令人惊讶的结论,吸引大家的注意力。

比如,在开场时说:"这个世界上,有没有这样一句话,开心的人听了会难过,难过的人听了会开心?"或者说:"科学表明,多喝水有利于身体健康,但有种情况却可能导致中毒。"

我听过一场关于交通安全知识的演讲,演讲者在开场时说:"亲爱的朋友们,今天听完这场演讲后,将有一位观众无法安全回到家。"这句话一出,台下一片哗然。大家都在想:"为什么会有一个人无法安全回家?这个人是谁?不会是我吧?"于是全场观众的注意力都集中在演讲者身上,大家都想知道他接下来会讲什么。演讲者等到大家重新安静下来,继续说:"因为城市里发生交通事故的概率是五百分之一,今天在坐的观众有五百人左右,所以可能有一个人无法安全到家。但是,如果大家能够认真听我的演讲,并按照我所讲的交通安全注意事项去留意,那么我相信,每个人都可以安全回家。接下来,我跟大家分享一些交通安全知识……"

开场时抛出一个足够吸引人的悬念,能够立马抓住观众的心。

三、在正文设置悬念

在正文设置悬念,就是通过"卖关子"的方式,吸引观众的注意,后面再逐渐揭开谜底,也就是"解扣子",一步一步引导观众跟着我们讲述的情节去思考。

比如,在正文举例子时,讲到办公室的案例:"王总的助理

每天早上都会在王总到达办公室之前把咖啡煮好,放在他办公桌上。这个习惯,她已经保持了十年。今天,王总照常来到公司,可他发现桌子上摆着的不是一杯咖啡,而是一杯奶茶。奶茶的旁边还留有一张纸条。王总看完之后,大吃一惊……"

讲到这里的时候,我们要稍微停顿一下,一方面给观众留出遐想的时间,另一方面,也为了吊足观众的胃口,让观众更加期待后面的内容。之后我们再缓缓讲述接下来的事情,满足观众的好奇心。

再比如,讲职场发展的例子:"曾经,我的月薪只有3000块,努力奋斗了5年,还是没有大的突破。直到有一天,我认识了一位贵人,他教了我一个方法,那一年,我赚到了100万。"

同样,讲到这里也需要停顿一下,再继续讲下去。

假如我们不用卖关子的方式,而是直接讲述内容,观众可能也会听,但是通过设置悬念的方式讲述内容,观众的注意力会更加集中。

四、在结尾设置悬念

相信大家对"预知后事如何,且听下回分解"这句话并不陌生,这就是古代说书人最常用的设置悬念的方法。

在现代演讲中,在结尾处设置悬念,仍然是很常用的方法,但设置悬念的方式已经不像过去那么单一。而且,现在的悬念设置更开放,更侧重于让观众展开遐想和思考。

在结尾设置悬念,可以给观众留下想象空间,回味我们的演讲。对我们个人来说,观众有可能会持续关注我们,并且期待跟我们的下次见面。

> 有一次，我做了一场历时一个小时的演讲，在整场演讲中，我讲了许多自己面临困难时的故事。故事中，每一次面临困难，我都会对自己说："永远相信美好的事情即将发生。"讲完这句话后，我再讲述我是如何全力以赴克服困难，并最终战胜困难。
>
> 在那篇演讲的结尾处，我留了一个开放式的悬念。我说："前几天，我跟老板说我想做公司最新的项目。老板说，我为什么要把这个项目给你做？我说，因为我永远相信美好的事情即将发生。"

因为这句话，观众响起了热烈的掌声。我并没有跟观众说老板有没有把这个项目给我做，而是用了一种开放式的结局。这样的效果比我直接告诉观众老板把这个项目给我做更好。我留下了悬念，也为观众保留了遐想的空间。

🎙 讲出好故事,让演讲更完整

小的时候,有一个现象特别有意思。就是在班级里,如果我听到旁边的同学在探讨数学题,我会自动屏蔽那个声音,哪怕他们再大声,我都听不进去。但是,如果同学们在聊八卦,或者在谈论前一天晚上看的动画片,那我的耳朵会自动收音,哪怕他们很小声,我也会集中精力,争取听清楚。

这其实是出于人的天性:人们天生喜欢听有趣的故事,而不喜欢听枯燥的道理。

演讲台下的观众,当然也是如此。大量的实践证明,一场很专业但是没有故事穿插的演讲,观众大概率会走神。相反,一场不够专业,但故事讲述得十分精彩的演讲,观众会因为这个精彩的故事而记住演讲者所传达的观点。

所以,会讲故事对演讲者来说十分重要。

那么,怎么讲出好故事,才能让我们的演讲更精彩呢?

一、故事要有四元素

一个完整的故事要有最基本的四元素,为时间、地点、人物、事件。

> 小的时候，妈妈给我讲过这么一个故事："从前有座山，山上有座庙，庙里有一个老和尚和小和尚，有一天老和尚对小和尚说……"
>
> 每当我听到这里的时候，都会缠着妈妈问："最后小和尚说了什么？"

你看，只要把基本的故事元素摆出来，人们自然会有欲望去听后面的内容。因为一个完整的故事离不开这些元素。

很多人讲故事都存在一个普遍的问题，就是故事太笼统，甚至连故事四元素都不全。比如："下面，我要跟大家讲一个故事，这个故事的主人公在超市遇到了劫匪……"

这样讲故事，观众根本没有听下去的欲望。

如果我们把故事的四元素加进去，就变成："上个礼拜五，王强赶着去谈一笔价值2000万合同的业务。他路上走得很着急，生怕迟到。就在他快要抵达目的地的时候，碰到了一个劫匪正在抢劫超市……"

故事的信息给足之后，观众就能更明白事情的来龙去脉。观众就去思考，他到底会怎么选择？所以，讲故事时，开篇的几句话就要把基本的元素交代清楚。就像我们看电影，如果随机看一段片段，很难进入整个情境。但看一段包含时间、地点、人物、事件的电影预告片，兴趣则被迅速激起：

二、故事的核心是挫折与冲突

好故事之所以吸引人，往往是因为故事中有挫折和冲突。

马云的演讲之所以经典，是因为他从创业到现在，每一步都充满了挫折。他把这种挫折讲出来，然后再讲怎么战胜挫折的。故事有了转折，观众就喜欢听。

我们小的时候，喜欢看公主和王子的童话故事。公主和王子总要历经很多艰险，才会幸福地生活在一起。如果童话故事讲的是公主和王子平淡的一日三餐，恐怕就不会有人看了。

抖音上有很多让人看了欲罢不能的短视频，如果要说出它们的共性，大概是它们在情节的设置上充满了冲突。现在的抖音视频，要求前10秒就让观众感受到冲突，不然观众就会没有耐心看完后面的内容。

很多人讲故事，只是把故事描述了一遍，这是不够的。判断一个故事讲得好不好，标准就是看讲述的过程中有没有设置挫折与冲突，以及主人公有没有为冲突做出努力。

三、用第一人称讲故事

用第一人称讲故事，更容易把人带入情境中。

> 有一次，导演让我演一段爱情戏，但我始终演不好。于是导演问我："想想剧本，此刻，你脑海中浮现出来的是两个人，还是一个人？"

> 我说："是两个人啊。"
>
> 导演说："你太冷静、太客观了，难怪你演不好！你的脑海中应该只出现一个人，那才是你应该有的正确视角，那样才主观。"

我们在演讲中讲故事也一样，尽量不要站在第三者的角度去看待自己的故事，而是尽可能站在主人公的角度，重新再现那个场景，多用第一人称的口吻去表达。这样，观众才会更有代入感，我们自己也更容易体会到情绪的起伏。

四、讲故事时不要解释，要展示

讲故事的时候不要解释，要展示。

很多人讲故事时，喜欢用"因为……所以……"的句式。比如，"因为我每天都健身，所以我现在身体很强壮。"这种解释，不如直接用数据来展示更好。如改为"我每天健身2个小时，我不仅有8块腹肌，而且可以一口气做100个俯卧撑。"这样说，观众的感受就会更直接。类似的还有："因为他工作很积极，所以获得了奖金。"如果用数据进行展示，可以说："他每天工作12个小时，年底获得了全公司最高的奖金。"

用数据或者借助道具的形式进行展示，比解释更有力度。

五、讲故事时情绪要饱满

很多学员有这样的困惑：自己在讲故事时，好像什么细节都讲了，矛盾冲突也讲了，如何战胜挫折也讲了，可是观众就是没

有感觉,这是为什么呢?

那可能是因为我们只描述了战胜挫折的过程,没有描述战胜挫折的情绪。

在演讲台上讲故事,故事要具体且丰富,情绪也要投入且饱满。在表露真实情感时,切忌站在第三方的视角来审视主人公的情感,而是要把自己当成主人公,体会他的感受,替他表达情绪。

比如,当我们讲述自己遇到的失败时,要表达出"我好失败,但我不能让别人看不起"的情绪,观众才会有代入感。因为这种情绪很多人都有过,我们把它表达出来,观众就会跟我们产生共鸣,从而期待故事后面的转折。

六、讲故事要学会渲染气氛

想讲好一个故事,要懂得刻画故事人物,搭建故事场景,还要渲染故事气氛。

比如,我们要讲一个黑衣男士正在公园里等人,他坐了几分钟后,接了一个电话就急匆匆地走了。这个故事的重点应该是这个黑衣男士是谁,以及他的行为举止如何,神情如何。所以,这个故事的气氛一定是神秘的、紧张的。

那么气氛方面我们可以这么营造:整个公园看似祥和,但是总有鬼鬼祟祟的人影在角落里出现。在看不到的暗处,有几双眼睛正监视着黑衣男士的一举一动。

像这样渲染气氛,观众的注意力更容易被集中,故事的效果也会更好。

七、结尾处有反转

结尾是故事升华和高潮的部分,一个有反转的结尾,往往给人很新奇的体验。

比如电影《这个杀手不太冷》中,杀手最后被杀死;《消失的爱人》里的夫妇终于展现出真面目;《禁闭岛》中直到最后所有人才恍然大悟,原来主人公自己有精神病……

演讲中也可以设置有反转的结尾,最常见的就是讲述一个感人至深的故事,最后说"故事里的人,就是我"。只要故事讲得足够精彩,观众一般都会给予鼓励的掌声。

故事是演讲中很重要的一部分,故事讲得精彩,演讲就精彩。

🎤 故事五觉法，让演讲更生动

表演领域，讲究一个五觉概念，简单来说就是要真听、真看、真感受。我是学话剧出身，自从开始演讲，就把这个方法也运用到了演讲中的讲故事环节。讲故事时，从视觉、听觉、嗅觉、味觉、触觉这五种角度描述，让演讲更加生动。

为了更好地让学员理解"五觉法"，我开演讲课后，专门为炸鸡写过一段宣传文案。

> 此刻，金黄的鸡肉呈现在你的面前，撕开酥脆的表皮，鲜嫩的肉质一览无余。在撕开鸡肉的一刹那，鲜香的味道钻进你的鼻孔，你的口水止不住地流出来。你迫不及待地扯下一块塞进嘴里，嘎嘣脆的外皮一点都不油腻。一瞬间，鲜香麻辣的鸡肉混着酸甜的酱汁，一起在你的口腔里"爆炸"了。

怎么样？是不是已经在默默咽口水了？为什么看完这段文

案，会立马就想吃炸鸡呢？因为在描述这块炸鸡的时候，我用了"五觉法"。"金黄的鸡肉"是视觉角度，"鲜香的味道"是嗅觉角度，"嘎嘣脆"是听觉角度，"鲜香麻辣""酸甜"是味觉角度。综合这三个角度进行描述，多方位调动你的感官，你能不动心吗？

这就是"五觉法"的魅力，在演讲时，可以根据故事的内容，选择其中一"觉"，也可以选择多"觉"综合描述。

一、视觉

当我们讲故事时，无论是对于故事中的主人公，还是故事中的场景，或者是其他内容，我们描述得越清楚，观众接受起来就会越容易。利用"五觉法"进行描述，视觉角度是其中最直观、也是最丰富的一种。因为从视觉角度进行描述，意味着我们要讲出事物的外观，需要描述的细节包括大小、形状、位置、长度、宽度、颜色等。这还只是针对基础的物件。如果是几个物件组合出来的更复杂的东西，描述的时候可能就需要更多元。如果物体没有具体的形状，而是抽象的画作，如毕加索的画，在视觉上描述就有更大的挑战。

举例来说，假如我们要描述第一次见到初恋女友的场景，可以怎么说？

> 版本1：那一天，天空飘着雪花，一个女孩向我缓缓走来。

版本2：那一天，天空飘着小雪，大地已经被一片纯洁覆盖。我走在白茫茫的天地间，忽一抬头，一个女孩向我缓缓走来。

版本3：那一天，天空飘着小雪，大地已经被一片纯洁覆盖。我走在白茫茫的天地间，忽一抬头，一个身穿红色大衣、戴着浅红色毛线帽的女孩向我缓缓走来。女孩的长发在空中飘扬，白雪落在她的发间，就像一个仙女。

如果从视觉角度出发，是不是有很多可以描述的内容？我们描述得越丰富，观众接受到的信息就越全面，越准确。

二、听觉

从听觉角度进行描述，就是在讲故事时，讲清楚我们听到了什么。还以第一次见到初恋女友的场景为例。

版本1：那一天，天空飘着雪花，一个女孩向我缓缓走来。

版本2：那一天，天空飘着雪花。我站在雪地里，闭上眼睛，聆听雪花落下的声音。我睁开眼睛，看到一个女孩向我缓缓走来。

> 版本3：那一天，天空飘着雪花。我站在雪地里，闭上眼睛，聆听雪花簌簌而下的声音。忽然，我听到一串咯吱咯吱的脚步声。我睁开眼睛，看到一个女孩向我缓缓走来。世界更安静了，我甚至清楚地听到了自己的心跳声。

听觉是比视觉更细腻的角度，讲故事时，把重点放在听觉上，观众可能会有不一样的感受。

三、嗅觉

嗅觉也是一个不容忽视的角度。比如，我们回忆第一次打工时的场景。

> 版本1：第一次到工地打工，很不适应。肚子早就饿得咕咕叫了，好不容易熬到了中午，吃完午饭，天又下起了小雨。
>
> 版本2：第一次到工地打工，刺鼻的油漆味钻入鼻孔，刺激得我直流泪。肚子早就饿得咕咕叫了，好不容易熬到了中午，赶紧朝食堂飞奔。还没推开门，就闻到了菜香。吃完午饭，天又下起了小雨。

> 版本3：第一次到工地打工，刺鼻的油漆味钻入鼻孔，刺激得我直流泪。肚子早就饿得咕咕叫了，好不容易熬到了中午，赶紧朝食堂飞奔。还没推开门，就闻到了菜香。打工虽然辛苦，但吃到午饭的那一刻无比满足。午饭后，天又下起了小雨，空气如此清新，泥土的腥气和花草的甜香混合在一起，令人陶醉又神往。

讲故事时侧重嗅觉，更容易给人一种身临其境的感觉。

四、味觉

味觉是日常生活中非常重要的一种感受，我们的一日三餐，都离不开味觉。在讲故事时，也可以从味觉角度着重描述。比如，讲述小时候帮助别人的情景。

> 版本1：在公园玩了一下午滑板，累极了。刚想喝口水，发现路边的小姑娘跌坐在地上，爬不起来。我跑过去帮她，她起来后，送给我一颗草莓。
>
> 版本2：在公园玩了一下午滑板，我口干舌燥。掏出包里的矿泉水，刚想解解渴，发现路边的小姑娘跌坐在地上，脚上穿着轮滑鞋，爬不起来。我跑过去帮她，她起来后，送给我一颗草莓。

> 版本3：在公园玩了一下午滑板，我口干舌燥。掏出包里的矿泉水，刚想解解渴，发现路边的小姑娘跌坐在地上，脚上穿着轮滑鞋，爬不起来。我跑过去帮她，她起来后，送给我一颗草莓。我把草莓塞进嘴里，甜甜的草莓汁顺着喉咙流下去，我的心情也跟着甜了起来。

讲故事时侧重味觉角度，最容易让观众产生反应。

五、触觉

触觉也是一种很细腻的感觉，讲故事时侧重触觉角度，会给观众别样的体验。比如，讲到儿时读书的趣事。

> 版本1：小时候，我总爱坐在沙发上读书。沙发旁边有一盆很漂亮的蝴蝶兰，读书累了，我就喜欢观察它。
>
> 版本2：小时候，我总爱坐在软软的沙发上读书，沙发的扶手是木制的，摸起来光滑又舒服。沙发旁边有一株很漂亮的蝴蝶兰，读书累了，我就喜欢观察它。
>
> 版本3：小时候，我总爱坐在软软的沙发上读书，沙发的扶手是木制的，摸起来光滑又舒服。沙发旁边有一株很漂亮的蝴蝶兰，蝴蝶兰的花朵摸起来凉凉的，叶子摸起来滑滑的。读书累了，我就喜欢观察它。现在，一摸到花盆，我就能想起儿时读书的时光。

在讲故事时，着重讲述细腻的触觉，或许能从心灵深处打动观众。

"五觉法"的运用，并不是单一的。在描述一件事物时，可以把多种感官结合起来，就像开头我写的关于炸鸡的文案一样。而且，将多种感官结合，往往能给人更深刻的印象。

有一次，有人对我说："巴西有一种水果，叫欢乐果。"我听过之后，欢乐果并没有给我留下很深的印象。

后来，又有人对我说："巴西的欢乐果是红色的，闻起来的味道跟榴梿一样。"这时候，我对欢乐果有了一定的印象。

再后来，有人告诉我："欢乐果虽然闻起来跟榴梿一样，但是吃起来很甜；欢乐果的皮很光滑，摸起来跟西瓜一样。"这种结合多种感官的叙述方式，让我把欢乐果牢牢记在心里。

这就是运用"五觉法"的力量。如果你在讲故事时，也能从这五种感官体验出发，综合描述你的感受，那么你也能呈现出更生动的演讲。

🎙 故事要具象，增强代入感

如果你经常玩手机游戏，那么你可能在游戏评论区看到过"这个游戏代入感不错哦！"或者是"哎，这个游戏代入感好差啊！"这样的话。看电影也是一样，好的电影会有很强的代入感，能让人很快融入情境中，仿佛自己是银幕上的主角。

演讲也是这样，讲故事时有代入感，观众会身临其境地感受到故事中人物的心情，情绪会随着故事的跌宕起伏而变化。每一次转折，观众都会非常想要知道后面发生了什么。代入感强的演讲，会把观众的心抓得更紧，观众会听得更专注。

想要增强演讲的代入感，就要在讲故事时更加具象，最好让观众能够想象到故事的画面。让故事更具象，可以从很多方面入手。

一、增强画面感

增强画面感，就是通过我们的描述，让观众想象到具体的画面，从而增强代入感。

比如，老板在给员工做励志演讲时，如果仅仅是喊口号

"大家往前冲啊",往往达不到太好的效果。如果老板说"大家加油往前冲,跟着我,让每个人都吃香的喝辣的,买车买房!"这样就稍微具体了一些,效果会比刚才的说法好。如果老板再具体描述房子的位置,车子的品牌,员工就会更有画面感。"大家加油往前冲,跟着我,三年内,我让每个人都能在北京买上学区房,开上跑车,去五星级餐厅吃饭,穿名牌服装!"用具体的描述,增加大家的画面感,这样,大家立马就会想象自己买房买车的情景,工作就更有动力了。

演讲时,为了增强画面感,我们还可以加上一些肢体动作。比如,讲到"那晚,北风呼呼地吹"时,可以用手臂来回晃动,表演北风呼啸的样子,增强观众的代入感。

二、着重描述细节

大家可能都有过这样的经历,大学时期,我们背着父母谈恋爱。有一天,妈妈通过其他渠道知道了,于是会问:"为什么喜欢他(她)?"

这个时候,如果我们仅仅强调他(她)对我很好,他(她)很爱我之类的话,妈妈可能很难放心,因为我们的话丝毫不会让妈妈有代入感。这个时候,如果我们着重描述细节,妈妈的反应或许就会不一样。

我们可以跟妈妈说:"妈妈,他非常爱我。每天早上,他都会为我准备早餐。每天晚上,他都会在图书馆陪我一起学习。在他的帮助下,我的成绩一直保持在班级前五名。跟他在一起的这两年,我的梦想也被放大了。毕业后,我们打算一起创业,一起打造属于我们的未来!"我们多描述细节,妈妈听的时候,就会很有代入感，她很容易就能感觉到两个人是彼此相爱的，因此会更放心。

在演讲时，可以着重描述心理、情绪、行为等各方面的细节，增强观众的代入感。

三、加入对话

很多人在演讲台上讲故事时，只是用平淡的语言把剧情讲出来，丝毫没有感染力。想要把故事讲得更生动，增强演讲代入感，可以尝试加入对话。

比如，我们这样讲："晚上我开车回家，女朋友打来电话，说要跟我分手。电话挂断后，我把车停在路边，脑袋一片空白。"这确实清楚地描述了故事的人物、场景和剧情，但观众却感受不到故事里男生的情绪，因此没有代入感。

如果我们加入对话，就可以这样讲。"晚上我开车回家，突然接到女朋友的电话。她跟我说：'我们分手吧！'我不耐烦地说：'这是你提的第三次了。'女朋友的声音很低，她说：'这一次，我是认真的。'说完，她就挂断了电话。我把车停在路边，脑袋一片空白。"加入对话之后，故事中的人物就都有了情绪，就会给观众更强的代入感。

演讲时，故事讲出来之所以给人感觉干巴巴的，可能就是因为没有加入对话。一旦加入对话，故事的内容就会生动起来，就能更好地将观众代入情景中。更重要的是，加入对话之后，我们也更容易进入角色的情绪中，更有利于我们完成演讲。

四、进行类比

当我们想要向观众描述一个场景或者一种现象时，如果不

好用直接描述的方式表达，可以试试类比法。用已知的事物去类比要描述的事物，能够让观众更有感觉。

比如说，"他的肚子很大，像一个篮球。""那天的现场真热闹，就跟周杰伦的演唱会一样。""暗恋一个人，真的很像搜到了Wi-Fi，却不知道密码。""公司年会需要租一个400平方米的场地，相当于两个篮球场那么大。"

用已知的事物进行类比，观众就能迅速了解我们想要表达的意思，顺利进入我们要描述的情境中。

五、进行对比

其实，在我们的日常对话中，对比是经常会用到的一种方法。比如，我们向别人推荐止咳药时，不会说："我吃了这药，感觉非常好，这真是一个好药啊！"而会说："我之前每天都要咳嗽十几次，自从吃了这个药，就再也不咳嗽了。"如果我们是想要买药的人，当然也是对比的说法会更让我们心动。

讲故事时，我们也要把日常对话中的对比运用起来。通过对比，我们更容易让观众看到价值、看到差异，从而加强观众的感受。

故事中的对比，可以体现在很多方面。比如，2020年的元宵晚会上，主持人的开场词就用了一句空间对比，瞬间让人感受到了别样的意境。因为疫情原因，元宵晚会没有观众到场，主持人说："众所周知，这是一个不同寻常的元宵节，今晚您看到的也是一台不寻常的节目。此时此刻，我们的观众席空无一人，但是我们所有参演者的眼里却装满了千家万户。"

空无一人的观众席与千家万户在空间上的对比，让人瞬间有了不一样的感受。

再比如,"在 4G 网络环境下载一部 1G 的电影要 30 秒,而在 5G 网络环境下载只需要 1 秒。"这是时间上的对比;"手机被偷了之后,她就一直很郁闷。直到爸爸给她买了新手机,她才露出了笑容",这是情绪上的对比;"我之前的工作环境,办公室不透风,而且很潮湿。现在,我的办公桌紧靠落地窗,而且每天都会消毒",这是环境对比。

对比方法非常简单,但在演讲中,却非常好用。

六、列出数字

在演讲中列出数字,会让观众对我们想表达的内容有更强的感受。

有一次,我要介绍一位嘉宾出场。在这之前,我先做了一个测验。我找了几位观众,对他们说:"有一个人,他从小学武,打了很多场比赛,拿过许多次冠军。退役之后,他开始做生意,赚了很多钱,现在,他在从事自己事业的同时,也在推广武术事业。"说完,我问观众:"我这样介绍,你想认识他的欲望有多高?"观众给我的回应,几乎都是摇摇头。

我又换了一种介绍方式:"有一个人,他 12 岁学武,16 岁获得澳门武术锦标赛冠军,17 岁获得亚洲冠军,19 岁获得世界冠军,20 岁获得北京奥运会散打冠军——这也是澳门历史上第一块奥运金牌。21 岁,澳门特别行政区颁发给他荣誉勋章,并被市民称为'澳门之光'。23 岁退役后开始经商,被称为'中国最富拳王'。今年,他 30 岁,致力于把中国武术推广到全世界。"然后,我又问观众:"现在,你想认识他吗?"不用听观众的回答,仅仅通过他们的眼神,我就知道,他们已经满怀期待了。

在正式演讲时,我用列出明确数字的方式请出蔡良蝉出场,在他登场的瞬间,现场的火爆气氛差点把屋顶都给掀翻了!

事后,良蝉对我说:"这些年,我出席了几百场大大小小的活动,几乎所有的活动都是把我的头衔念一下,然后让我登场。唯独今天,你用这样的方式让我亮相,我感觉非常新鲜。这是我最难忘的一次登台。"

在演讲中列出数字,能够让观众得到更加明确的信息。但在使用数字时,也要用观众更容易听懂的方式。

比如,乔布斯在介绍 iPod 的时候,他不会直接告诉我们这个播放器有多少内存,而是告诉我们,它能存储 1000 首歌;香飘飘奶茶不会告诉我们奶茶的具体销量,而是告诉我们一年卖出的奶茶可以绕地球 3 圈;我的好朋友蔡崇达写的《皮囊》,截止到目前,已经销售了 400 万册,但是,当我问他现在卖得怎么样时,他跟我说:"所有的书叠加起来,能超过一座珠穆朗玛峰。"

用数字表达,能更准确地传递信息。用合适的数字表达,观众接受起来会更容易。

演讲时,无论是讲故事还是举例子,只要结合一定的方法让我们的表达更具象,我们的演讲就会更有代入感,演讲的效果就会更好。

举例论证，巧用名人效应

在演讲的过程中，举例子是必不可少的。除了自己和身边朋友的，还能举名人的例子。

我做过一个很有意思的测试。在我的课堂上，把一位学员说过的话打在大屏幕上面，但是在右下角注明这是白岩松讲的。我问大家："这句话讲得好不好？"大家纷纷表示这句话讲得太好了。等到课程结束，我才跟大家揭晓："刚才课程中我讲的那句话，其实不是白岩松说的，而是我们班级里一位同学说的。"这话一出，学员纷纷表示，如果一开始就知道那句话是同学说的，可能就不会觉得那么有说服力了。

这就是名人效应的力量。在演讲中，讲述名人的事例，或者引用名人说过的话，能够吸引观众的注意，强化观众对我们所讲内容的理解，增强演讲的效果。

一、借用名人名言，给听众带来安全感

在演讲中，当我们需要表达某种观点的时候，就可以借用名人的事例或者名人说过的话来支撑自己的观点。

比如，我们做一场演讲，想要表达"应该帮助孩子树立正确的金钱观"。如果我们说"帮助孩子树立正确的金钱观，就是帮助孩子走向幸福的人生"，这样的表达会很空洞，观众很难真正信服。如果我们借用名人名言，就可以这样讲："莎士比亚说'金钱是个好兵士，有了它可以使人勇气百倍。'英国作家塞缪尔·约翰逊也说过，'既会花钱又会赚钱的人，是最幸福的人，因为他享受两种快乐。'帮助孩子树立正确的金钱观，让孩子从小就学会训练金钱这位'士兵'，就是帮助孩子走向幸福的人生。"演讲中加上名人名言之后，我们的论点有了依据，使其更有说服力，观众更容易认同我们。

名人名言有一定的权威性，在演讲中引用名人名言，能借助名人的权威让观众更容易接纳我们的观点。

二、借用名人的故事，激发观众的效仿力

许多人都将名人视为成功的典范，所以在他们心底，极其期望能够了解名人的生活方式或者共享名人的价值的。当了解名人的具体行为时，他们会愿意去模仿名人参与的一些具体活动，以此来提高自己。这也就是广告商会请明星代言的原因。

在演讲中借用名人的故事，其实是在借助名人的力量，让他们为我们"代言"。

我在《超级演说家》和林志颖老师结缘，私下里了解到很多小志老师不为人知的辛酸奋斗史。得到他的许可后，在做一些励志演讲时，我会讲述小志老师的故事，以此鼓励有梦想的观众。每一次，我讲到小志老师的奋斗史，台下观众的反应都很强烈。尤其是讲到小志老师在车祸中受伤，差点与赛车无缘时，观

众就会想:"原来明星也有那么多的艰难时刻,明星都能扛过来,我也应该坚持我的梦想!"观众的情绪会更容易被调动起来,也更容易认同我的演讲。

很多公众人物在演讲时会说起自己的故事,网上也会有很多他们的故事。我们可以留心收集这些故事,遇到合适的演讲主题,就可以把这些故事用上,借用名人的故事,激发观众的效仿力。让观众更容易相信我们。

三、名人做背书,增加观众的信任度

名人做背书,可以帮助我们把听众的注意力集中起来。如果你与某位名人有过交集,就可以把你们之间的故事讲出来,观众会更愿意听你的故事,同时增加对你的信任。

我在演讲时,就经常谈到我跟随游本昌老师学习表演的经历或者乐嘉老师给我的鼓励。这些都是在借用名人的知名度帮助我做背书,增强观众对我的信任感。当观众听到游本昌老师的名字,或者听到乐嘉老师对我说的话,他们会想:"这个家伙没有在吹嘘自己,他是真的和外界时厉害的人物有过如此近距离的接触,他很值得信任。"从而,观众就会自然而然放下戒备心,愿意倾听并相信我的演讲内容。

搜寻一下记忆,你有没有与名人产生交集的时刻?如果有,就大胆借用名人的力量为我们背书。比如,你有一定的头衔,那可以讲讲这些头衔分别是什么,以及是哪位企业家或者著名人物授予你的;如果你是一位作家,你可以讲讲你出版的书在什么活动中赠予了哪些领导、名人;如果你想通过演讲宣传一款产品,那你可以讲讲你的产品有哪位明星代言过,哪些明星一直在

使用。

不要低估观众的智商，在聆听的过程中，会不断进行有效的信息筛选。当他们听到名人事迹，尤其是听到我们与某位名人有着确切的关系时，就会把这些当成是强有力的佐证，认为我们这个人或者我们讲述的内容是可信的。如果名人对我们表达过赞美，观众会更认可我们，更愿意相信我们。

演讲时，不要只讲自己的故事，适当借用名人效应，让名人为我们"代言"！

讲个笑话，活跃现场气氛

我初中的班主任刘锦莲老师，他上课的时候非常幽默，会用几乎一半的时间讲笑话，剩下的时间才讲干货。虽然他花费了大量的时间在看似无用的笑话上，但却培养出了许多优秀的学生，还连续多年被学生们评为心目中的"男神"。现在想想，我的初中班主任不仅是一位好老师，还是一位优秀的演说家。

一位优秀的演说家，一定也是一个擅长活跃气氛的人。因为他深知，当观众产生愉悦感时，才会更容易敞开自己，也更容易接纳别人。

想在演讲台上活跃气氛，讲笑话是一个很好的方式。在演讲开场时讲，能够迅速破冰，吸引观众的注意力；在演讲的中间时段，当我们讲了大量沉闷的内容时，讲个笑话，能让观众适当放松，重新集中注意力。

如果可以的话，笑话的内容和角度要尽可能可以与我们演讲的内容连接上。如果实在找不到与内容相关的笑话，又想活跃一下气氛，讲一个不太相关的笑话也可以。只要我们能让观众发自内心地笑，就能打开观众的心，凝聚观众的注意力。

演讲力
掌控人生关键时刻

很多学生问我:"为什么我在饭桌上给别人讲笑话的时候,大家都笑得很开心,但是在台上讲时,大家就不笑了呢?"

这个问题的答案不外乎两种,一种是我们讲的笑话不够好笑,饭桌上的朋友们只是为了给我们面子才笑;另一种是我们的笑话虽然好笑,但讲时的状态不够松弛。当我们紧张时,讲话的重音不容易放对,重音不对,效果就很难呈现出来。

想要解决这个问题,可以从两个问题入手。

第一,如何收集到足够好笑的笑话?

1. 在网上收集。

网上有很多笑话资源,如笑话网站、抖音、微博等网络平台上的段子,或者综艺节目上的搞笑片段。我们可以每天花五分钟的时间,专门收集笑话。我有一个专门的"笑话库",当我在网上收集笑话时,判断某条笑话能否纳入我的笑话库的标准就是我有没有笑。如果我看完后马上就笑了,我就会将它收集起来;如果我没笑,就不会保留。

2. 在生活中收集。

我有一个习惯,那就是只要我笑了,我就会立马掏出纸笔记录下当时这件令我发笑的事。如果时间紧迫,我就只记录关键的句子,忙完之后,再把整段内容完整地记录好。

我不仅会收集笑话,有时候我还会创造笑话。收集来的经典笑话,我会分析它为什么好笑,找到它好笑的点之后,举一反三,创造更多笑话。

有人可能会说:"这样不是很累吗?"但我们的目标是做一

个更好的演说者，为了达成目标，前期的功夫还是要下的。在生活中时刻留心，养成习惯，就不会觉得累。

第二，在舞台上讲笑话，怎样避免观众不笑？

在舞台上讲笑话，我们首先要松弛。如果我们情绪紧张，讲话磕磕巴巴，观众的注意力根本无法集中到笑话上，他们只会跟着我们一起紧张。在舞台上讲笑话，除了放松下来，还有三点需要注意。

1. 不要观众还没笑，自己先笑。

讲笑话时，观众还没笑自己先笑了，这非常破坏氛围。就像我们看电影时，如果还没明白是怎么回事，演员先哭得稀里哗啦，我们就会觉得莫名其妙。如果演员没有落泪，我们却被感动到泪流满面，这才是好的表演。

如果你在讲笑话时，总是自己先笑，那就多做训练，直到自己不笑为止。讲笑话的最高境界就是讲者不笑，而观众捧腹大笑。这项本领，可以通过练习获得。

2. 不要提前预告

很多人在讲笑话之前，喜欢说"下面给大家讲一个笑话。"千万不要说这句话，直接开始就可以了。当我们提前预告要讲笑话时，观众的预期就会提高，而一旦我们的笑话不够好笑，观众就会很失望。

比如说，我一本正经地跟观众说："在我年轻的时候，我认为钱很重要，所以我努力工作。等到我老了以后，我才发现，钱真的很重要。"一本正经的状态，会让观众以为我要讲的是普通的心灵鸡汤，或者会转折到健康、幸福之类的话题上。但我依旧严肃地说"钱真的很重要",这种俏皮就会与严肃的状态形成反差,产生不错的效果。但假如我在讲之前就预告说"下面我给大家讲个笑话",然后把上面那段话重复出来,那基本上不会有人笑。

所以,在讲笑话之前,不要预告,直接开始即可。

3. 忘掉你讲的是一个笑话

我跟随游本昌老师学习喜剧时,老师对我的评价总是:"你最大的失败,就是太想让观众笑了。"游本昌老师说,"喜剧电影中的每一个人物,都有实实在在的人生。他们的人生对他们本身而言,从来不是喜剧,而是真实的生活。当我们饰演这种角色时,就要忘掉我们演的是喜剧,也要忘掉我们要逗笑观众这件事,要全身心投入角色中。"

我们在舞台上讲笑话也是一样,不要把笑话当成笑话,而是要体会笑话中人物的心情。当我们能够感受到人物的心情时,我们说出来的话就会更真实,更有感染力。当我们真实地表达时,观众的感受会更强烈,笑得更热烈。

在舞台上讲笑话,是一种很好的活跃现场气氛的方式。但笑话需要留心收集,讲笑话的功力也需要长期积累。

🎤 金句点缀，打造个人影响力

在这里，我要向大家展示演讲的"核武器"，这也是我个人的超级诀窍，那就是金句！

不知道大家有没有发现，传播力好的文章或者演讲，往往都是金句频出。比如一场中，知名企业家的演讲总是说一些令人印象深刻的金句，第二天登上头条时，文章的标题往往就是他们演讲中戳中人心的那些句子。

降低一点要求，我们先不要求自己的演讲布满金句，只要我们的演讲当中有一句金句能够让大家记住，那就可以称为成功的演讲。

很多人不喜欢"鸡汤文"，觉得没有营养，空洞无味。其实，如果我们仔细分析一下鸡汤文，会发现鸡汤文也有可取之处。比如，我们看完之后，可能内容全都忘光了，可偏偏记住了作者那句最著名的金句，这就是金句的力量。

什么样的句子可以称之为金句呢？

有一个厨房App，上面有一句经典文案，想必大家一定听过："唯有美食与爱，不可辜负。"这句话的内容很简单，听着还有点儿肉麻，但就是能让人过目不忘。

总结一下，金句就是能高度概括、直击人心，并且便于记忆和传播的句子。

在我看来，每一位演讲者，都要掌握创造金句的技能。金句很短，很容易吸引观众的注意力，可以让观众产生共鸣。金句就像一块敲门砖，它替我们敲开了观众的心，帮助我们传达后面的故事。在内容严重同质化的今天，金句也可以立马把我们和其他人区别开，增强我们的辨识度。

很多人觉得，金句就像黄金一样难求。其实，创造金句，并没有想象中那么难。现在，我教你一个创造金句的公式，你很容易就能拥有属于自己的金句。

一、如何创造金句？

有一次，我有幸与董明珠老师同台演讲。那天，她讲了一句金句，给我留下深刻的印象。她说："自己不扬帆，没人替你起航。"

我反复琢磨这句话，研究出这句话的逻辑。这句话的格式就是：自己不××，没人替你××。

我随便选了三个有气势的四字成语，按照这个格式填进去，发现讲起来也很有力量。

比如：

乘风破浪

破釜沉舟

发愤图强

填进格式中就是：

自己不乘风，没人替你破浪。

自己不破釜，没人替你沉舟。

自己不发愤，没人替你图强。

怎么样？这三句听下来，是不是有一种"说不清哪里好，可就是很有力量"的感觉。

所以，创造金句是有公式的。而公式也是可以创造的，创造公式的秘诀就是：让思考题变成填空题。

公式一

不是……而是……

……不重要，重要的是……

这种公式的逻辑是：颠覆人们常有的观念，然后提出一个情理之中意料之外的观念。

拉开女人之间距离的不是美貌，而是成长。

去哪里不重要，重要的是一直在路上。

公式二

要么……要么……

这种公式的逻辑是：看似给观众选择，但其实没的选择。

要么出众，要么出局。

要么臣服于他，要么打败他。

公式三

没有……只有……

这种公式的逻辑是：透过表象看本质，否定前面的表象，突出后面的本质。

没有落后的员工，只有落后的领导。

没有解决不了的事情，只有解决不了事情的人。

公式四

与其……不如……

这种公式的逻辑是：前面提出一个普罗大众都会做的选择，后面给出一个更好的做法。

与其抱怨规则，不如强大自己。

与其依靠别人，不如依靠自己。

公式五

没有……除了……

这种公式的逻辑是：先否定，然后单独拎一个事物出来，拎出来的这个要给观众留下深刻印象。

没有哪个艺人可以一直红下去，除了刘德华。

没有人可以让我改变原则，除了你。

怎么样？是不是已经对写出金句跃跃欲试了？除了这种固定的公式，还有一些金句可以先从套用开始，慢慢过渡到自己创造。

有些事，只能一个人做；有些关，只能一个人过；有些路，只能一个人走。

别人帮你是情分，不帮你是本分。

这个世界充满假象，唯有痛苦从不说谎。

成年人的世界没有容易二字。

掌握了这些技巧，相信每个人都可以拥有属于自己的金句。逐渐地，每个人都能脱离固定的框架，创造出更多精彩的金句。

二、如何使用金句？

前段时间，有位学员找我要金句语录，想直接照搬放进自己的演讲中。我对他说："如果你想收集金句，就要自己用心记录。如果你想要我的金句语录，就通过听我的演讲来记录。"我这么说，并不是我舍不得将自己收录的金句送给他，而是想告诉他，所有的金句之所以成立，是因为金句前面有一个精彩的故事。如果我们仅仅把金句放进演讲中，而没有为它铺垫一个精彩的故事，那金句的价值就不大了。

演讲中的金句，一定不是独立存在的。我们不能为了飙金句而飙金句，一定要有的铺垫，金句才能发挥它神奇的力量。如果没有故事作为铺垫，所谓的金句也只是一句空洞的口号而已。

三、如何用金句打造个人影响力？

这两年我做过大大小小的演讲，虽然演讲的故事不同，但核心点经常落在这句话：所有的奇迹都从相信开始。一开始，我只是用这句话来表达自己的观点，可说的次数多了，这句话就成了我的专属标签。别人一听到这句话，就能想到我，别人一想到我，就能想到这句话。

有一天，我的朋友给我发来短信："市领导开会，用了你说过的那句话作为案例。"我当时立马想起两年前长辈对我说的话："能有机会跟一句话绑定，是一件特别牛的事。"而如今，我做到了！

顾少强的一封辞职信曾经引发网友热评，因为她说过这样一句话："世界那么大，我想去看看。"之后，这句话火遍全国。后来，顾少强还出了一本书，这本书就用这句话作为名字。

之后每次她出席活动，出场前，主持人都会问："大家有没有听过一句话……"观众都会说："听过！"主持人就会继续说："这句话就是下面这位出场嘉宾说的。"然后就会在现场掀起一波高潮。

这就是人和话绑定的最佳案例。

作为演讲者，如果你希望自己成为公众人物，或者成为一个有影响力的人，那么，你可以创造一句属于自己的金句，并有意识地频繁使用它，它能帮助你塑造个人形象。

做好结尾,引人深思或回味

在心理学上,有一个定律叫作"峰终定律",意思是一个人对一次体验的印象,由两个时段决定,一个是体验中的高潮时刻,另一个是体验的结尾。

我见过许多讲师,他们演讲的主题内容讲得很一般,但是,因为设计了一个漂亮的结尾,观众依然感觉他的演讲很好。这就很好地把握了峰终定律,做到了完美的演讲收官。

在演讲结尾处要有一个完美的收官,我给大家推荐几种收尾方式。

一、总结法

总结法适合用在干货类的演讲中。在演讲结尾的部分,把演讲的重点用简洁的语言概括一遍,帮助观众理解和消化。

我做过研究,同样是做一篇干货类的演讲,在结尾处有梳理重点和没有梳理重点,观众的好评度是不同的。当我们运用总结法,在结尾处与观众一起梳理重点时,观众对重点的印象就会加深,从而提高对演讲的好感。

总结法的句型很简单:"下面,让我们一起来回顾一下今天的重点……"

有些演讲现场可能还会有白板,可以写出重点内容。几年前,我在讲课的时候,犯过一个致命的错误,在讲课的结尾,我一个人傻乎乎地转过身去,在白板上书写重点,观众只能看着我的后背。当时全场安静极了。

这种情况下,正确的做法应该是侧着身书写,而不是完全背过身。侧着身,可以确保观众看到的不是背影,而是我们的侧脸。这种细节,不仅能表示出对观众的尊重,也能提升观众的体验。

当我们在白板上书写重点时,现场很容易冷场,而在结尾时冷场,是演讲的大忌。所以,我们在写的时候,嘴巴不能停下来,要讲一些相关内容。如果实在不知道讲什么,或者很难做到边写边讲,那就把正在写的内容慢速念一遍,也好过全场安静。

观众会跟随我们的总结,重新梳理整场演讲的内容,巩固演讲带来的收获。

二、故事法

无论是干货类的演讲还是激励类的演讲,都适合用故事做结尾。特别是激励类的演讲,用一个感性的方式收尾,是最合适的选择。

结尾处的故事和开场、正文处的稍有不同,结尾的故事要尽可能选择一个可以为观众赋能的故事,这个故事的寓意就是演讲主题的核心。当我们讲完故事的那一刻,观众能够感觉到能量、希望与温暖,并且有一种意犹未尽的感觉。

三、感谢法

我最喜欢用的结尾方式就是感谢法。感谢的人包括主办方，或者是促成本次演讲的某位关键人物，我会把这次演讲的前因后果讲出来，感谢别人给我的机会。

我们讲述这次演讲的前因后果，其实也可以看作是在运用故事法，在讲故事。但感谢法是故事法的延伸，因为感谢的语言中包含了我们对主办方的赞美。

我也经常会感谢现场的观众，而且在整个演讲的过程中，我通过观察及互动，对观众有了基本的了解。所以，我会用很具体的方式感谢大家的聆听，或者感谢大家的掌声与配合。

有一位国外的演说家，他演讲时的标准结尾就是感谢他的母亲。他是被母亲独自带大的，他和他的母亲有许多感人的故事，他说，如果没有他的母亲，就没有他的今天。每次听完这样的结尾，观众都会流下眼泪。

四、感召法

如果演讲的核心是教会大家一件事情，那么可以在结尾的时候感召大家去行动。比如，我们的演讲主题是"感恩"，那就可以号召大家在演讲结束后给自己爱的人发一条感恩短信。

如果想用感召法达到更好的效果，可以号召观众做一些在现场可以展开并完成的行动。罗振宇在每年的跨年演讲，都有一个环节是在现场放出一张"得到"App 的海报，然后真诚地号召大家拍照发朋友圈。这已经成为每年跨年演讲的必备环节了，每到这个时刻，观众都会很配合地拿出手机拍照分享。大家会这样做，除了对罗振宇本人表示欣赏外，更重要的原因是，拿手机、

拍照、发朋友圈是每个人都可以现场完成的简单操作。

所以说，运用感召法，最好的方式是号召大家做一个现场就能完成的行动。如果需要演讲结束后才能完成，那也是越简单越好的事情。假如号召大家在演讲结束后去看一本书，虽然听起来很高级，但是实际的行动力几乎为零。观众很可能表面上答应，实际上却并不行动。号召大家发朋友圈、发短信等，都是简单易完成的操作，观众的参与感会更高。

五、提问法

结尾的提问分两种。一种是我们向观众提问，如针对演讲中的重点进行提问，或者针对观众的感受进行提问。在提问和回答的过程中，我们也帮助观众巩固了演讲的重点。另一种是请观众向我们提问，如果设置这样的环节，在这之前，我们就要对观众可能提出的问题作出预估，并提前准备好答案，避免出现被观众问住的情况。

无论是哪一种提问方式，观众参与互动之后，除了口头鼓励，我们还可以为观众送上事先准备好的礼物，感谢观众的参与。

六、拓展法

优秀的学生在学习中懂得举一反三，优秀的演讲者也擅长举一反三。

比如，我们完成演讲后，可以跟观众做一个拓展训练："今天我分享的内容是应用在商业上，细想一下，它其实还可以应用于生活中……"这样做有利于加深观众对知识点的理解，让观众更好地掌握这部分内容。

与此同时，我们还需要注意这三种效果差的结尾：

一、唐突收尾

唐突结尾就是指没有铺垫，突然就结束的情况。比如，刚刚讲完最后一项内容，就紧跟着一句结束语："今天的分享就到这里。"虽然在理论上，演讲的确结束了，但直接宣告结束还是会让观众感觉唐突。适当加一些语言作为铺垫，观众会感觉更自然。

二、大量做广告

有一些演讲，是为了给产品做推广。这本身没有问题，但是如果我们在演讲结束时，用大量的时间让观众扫我们的二维码，或者一味地推广我们的产品，即使我们的产品真的很好，观众也会产生反感心理。

真正高级的推广是点到为止的，是用我们的演讲内容征服观众，进而吸引观众主动联系我们的。在结尾处大量地植入广告，很可能让我们前期在观众心中赢得的好感毁于一旦。

三、冗长

相信大家都有过这样的经历，领导在台上讲话说："我再说最后几句……"结果一说就停不下来。作为台下的观众，听着没完没了的结束语，只有一个念头，就是希望领导赶快讲完。

在演讲中，结尾冗长是非常令人讨厌的。我们要做的，是给观众一个干净漂亮的结尾，而不是不顾观众感受，在台上又讲个不停。

一个差的结尾，足以毁掉整场演讲；一个好的结尾，能让观众回味无穷。

第四章

演讲技巧
给你的演讲加点料

🎤 学会这九种方法,牢牢抓住听众注意力

许多有演讲经验的人在进行演讲实践时,都会遇到这个问题:面对十几个,乃至几十个观众时,如何才能抓住大家的注意力?

其中一个不争的事实是,观众的注意力是有限的。一个人本来就很难集中注意力听别人讲话,再加上现在是信息爆炸的时代,观众的手机就是我们最大的"敌人"。演讲讲得再好,观众还是会时不时拿出来刷一下。

但我们仍然有一定的方法和技巧,让观众在听我们演讲时保持注意力。在这里,我分享九种方法。

一、插入音乐

我做过一个试验,在演讲内容一模一样的情况下,第一遍没有配音乐,第二遍配有音乐。当两遍演讲结束后采访观众,观众普遍认为,配有音乐的演讲感受更好。

所以,利用好音乐的魅力,是一个有经验的演讲者应该做到的事情。

在演讲中，可以插入音乐的节点有很多。演讲开始时，或者中间讲到某些感动或兴奋的点时，都可以穿插一些符合情绪的背景音乐。利用音乐调动观众的听觉神经，大家的注意力就会被吸引到我们的演讲上。

二、播放视频

观众听我们演讲时，如果看到一段动态的视频，通常会有新鲜感。这种新鲜感会调动他们的神经，让他们重新集中注意力。

比如说，一些演讲者会用他们参加蹦极或跳伞的视频讲述他们是如何突破恐惧的。而我会用我高中演讲的视频，来跟大家讲练习演讲要先练习勇气。

当然，我们播放的视频可以是自己的，也可以是从网上看到的，能说明主题又吸引观众的视频，都可以。

在演讲中播放视频，要注意以下两点：

1. 视频的时间一定要短。可以是30秒、1分钟，最多不要超过2分钟。时间太长，观众的注意力会分散。

2. 视频播放的次数不要太多。播放一两个就够了，播放的太多，会喧宾夺主。

三、在舞台上走动

在演讲的过程中，可以选择一个适当的时候，在舞台上走动。适当地走动会吸引观众的注意力。如果舞台比较小，还可以走到观众面前。

我做过类似的测试，只要我们经过观众身边，观众的注意力马上就会聚焦到我们身上。

四、肢体互动

比起在舞台上或者在观众席前走动，与观众产生肢体的接触会更加直接。比如讲到某些适合互动的内容时，可以拍拍观众的肩膀。

我特别喜欢用肢体互动的技巧。每当我的演讲中有对话情节，我都会拉起一个观众到我面前，作为我故事里的角色，然后直接跟他对话。这个时候，总能挑起不错的气氛。

需要说明的是，因为男女有别，所以肢体互动时要注意最好只跟同性互动。当然，如果你是一个比较开放的女性讲师，也可以适当跟男性观众做些互动。

肢体互动虽然有一定的局限性，但是当观众看到我们跟其他观众有肢体的互动，注意力会被迅速吸引。

五、送惊喜

大家应该参加过讲座，在一些问答环节，观众提出问题或者回答问题后，讲师都会给参与问答的人派送礼物。这个礼物看似是送给参与者的，其实很多时候是送给大家看的。

因为人都喜欢凑热闹，大家看到有人得到礼物后，也希望自己能跟着凑个热闹，于是便主动参与到问答环节中，这样一来现场的气氛和注意力就被调动起来了。

值得一说的是，礼物贵重不贵重不重要，有没有礼物才是重点。

比如，我们可以准备一些书做礼物，只花一两百块钱就能买好几本书。而这些礼物为我们营造的气氛，绝对不是用一两百块钱可以买来的。

六、讲笑话

乐嘉老师跟我说过,一个人在快乐的时候学习得最快,在痛苦的时候成长得最深。

我们做的大部分演讲,都是以快乐和学习为主。所以能否让大家轻松地学习,就看我们能不能适时丢出一两个段子,让大家放松了。

你是否有自己的笑话库?

如果没有,我建议大家可以自己去网上搜索笑话,自己先讲讲,看看效果怎么样。生活中发生的好玩的事情,也可以留意收集下来,写成段子,汇集成自己的笑话库,适当的时候,在舞台中呈现出来。

七、制造稀缺感

什么叫制造稀缺感?

比如说,我们在讲某一段内容之前,先跟大家说:"下面我要讲的内容,是我研究演讲方法多年来所发现的,能帮助大家提升演讲最快的方法,没有之一。

观众听到"没有之一"这样的词,会感觉我们要讲的内容非常稀缺,这个时候,他们就会竖起耳朵,生怕错过重要的信息。

八、制造紧迫感

什么叫紧迫感呢?

比如,你说:"下面我要讲的这个知识点,如果你吸收了,至少能帮你在创业中避免百分之九十的失误,这个点今天我只说一次。"这里的"只说一次",就是制造紧迫感。

现在,很多人都会有知识焦虑的问题。每个人的微信上几乎都收藏着一大堆的链接，平时又不看，但看到新的还是会忍不住继续收藏，这就是典型的知识焦虑。所以，我们在演讲中加入制造紧迫感的词汇，也能成功吸引观众的注意力。

九、激发观众的好奇心

网络上的文章，"标题党"横行。文章标题非常吸引人，但是点进去仔细一看，却发现内容与标题关系不大。我们做演讲，也要激发观众的好奇心，不仅要在标题上下功夫，在内容上也要下功夫。

比如说，当我们讲到某一个段落时，可以这么说："下面要讲的内容，我以前从来没讲过，今天我想在这里独家公开。"或者，当我们讲到自己比较特殊的经历时，可以说："我的这段经历，可以说是百年一遇，如果跟大家雷同，那只能说是巧合。"

类似这样的表述，都能激发大家的好奇心，提高大家的注意力。

以上就是吸引观众注意力的九种方法。

功夫巨星李小龙说过："我不怕会一万种腿法的人，我怕把一种腿法练习一万次的人。"所以，技巧的运用不在于多，而在于精。

如果你能在演讲中一一予以实践，那你在演讲这条路上将越走越强。如果你感觉有些方法不太适合自己，那就先挑适合自己的方法去实践，练得多了，也能触类旁通。

标题创新,让你的演讲与众不同

> 有一次,我去参加一位朋友组织的活动,在那场活动中,我需要上台演讲。那天我还安排了其他事情,所以准备演讲后立即离开。但当我快要走到门口时,看到大屏幕上亮出下一场演讲的标题:"我被辞退了,但我好开心!"我被吊起了胃口,不由自主地坐在了台下,直到听完了演讲,好奇心得到满足后才离开。

这场演讲有一个足够吸引观众眼球的标题,演讲者不需开口,就已经赢得了观众的心。并且,在演讲过程中,演讲者播放了一段自己的视频,记录的是他被辞退后独自创业的经历。他的视频拍摄得很有美感,让人很是享受。可以说,那场演讲,称得上是一场精彩的演讲。

从这场演讲中,我总结出:想要做出一场精彩的演讲,一定要在标题上进行多维度创新。从形式、角度等多方面入手,取一个与观众高度相关的标题，让我们的演讲与众不同。

酒香也怕巷子深，演讲标题如果平淡无奇，观众就不会对我们的演讲内容抱有期待。"我被辞退了，但我好开心！"这样有反差感的标题能成功吸引观众，演讲者在上台之前，就先吊足了观众的胃口。

想要取出吸引观众的标题，有四个可供参考的角度。

一、引发共鸣

直接用痛点做标题，可以引发观众的共鸣。比如："高房价正在摧毁我们的一切"。

这种标题，不仅最大程度地引发了观众的共鸣，还帮助观众把情绪发泄了出来。观众仅仅看到标题，就已经产生了代入感，并且开始期待接下来的演讲内容。

二、制造悬念

制造悬念，就是用标题引起听众的好奇心，让听众有强烈的愿望去了解后面的演讲内容。制造悬念的标题，一般采用问句，如果与正常逻辑有出入则更加分。比如："我为什么喜欢当一个废人？"

标题预设了悬念，观众就会很迫不及待地想要了解我们接下来要讲的内容。

三、引起争议

在标题中引发争议，是为了引起观众的思考。在标题中，我们不需要提出明确的结论，只需要提出争议点，让听众自己

去站队，自己去思辨。比如："我 30 岁，一无所有，打算辞职创业"。

这种标题，很容易引起观众的争议。一些观众认为，30 岁了，还一无所有，这真是太惨了。如果公司没有什么发展前途，那真的应该赶快另寻出路，看看能不能有所成就。另一些观众则会想，一无所有的人还是不要创业，连最起码的生存问题都解决不了，谈创业简直是痴人说梦。还不如卧薪尝胆，先好好磨炼自己的能力，积攒本钱，待时机成熟后再找合适的机会创业。

对于具有争议性的标题，观众会有自己的态度，并且也会期待演讲者的说法。

四、颠覆认知

颠覆认知就是向观众的传统认知发起挑战，但这种标题有一定的风险，说得有道理就是成功颠覆，说得没道理就是搬起石头砸自己的脚。

比如，我们要做一场创业的演讲，取一个标题叫作"想不开的人才去创业"。观众知道创业很难，但把创业者说成是"想不开的人"，这是观众此前没有的认知。我们用这种标题引发观众的好奇，并在演讲中具体解释为什么创业的人"想不开"，只要我们的说法有道理，观众就会认同我们，颠覆认知的演讲也就成功了。

这四个参考角度有一个共同点，那就是让标题的内容与观众产生相关性。否则，观众看到标题后发现与自己无关，也就不想听我们的内容了。

巧用提问法,给你的演讲增色

几乎每一位有经验的演说家都会在演讲中把提问这个技巧用到位,因为提问是一个非常有效的,能够调动观众积极性,并能激发观众思考的技巧。

在演讲中提问,有以下几个方面的好处。

一、破冰

我上中学时,学校请过一位演讲老师。基于对老师的刻板印象,我们都以为他会高高在上地给我们讲课。所以当老师走上讲台时,大家都有一些排斥心理。

但是,老师做完自我介绍后,就从讲台上走下来,来到我们中间,问我们:"同学们,你们最喜欢的歌手是谁?"当时,大家都很喜欢追星,几乎每个人都有几位非常喜欢的歌手。老师提出这个问题后,很多同学都踊跃回答,并且悄悄展开了讨论。老师的课程就从这个问题开始了,他根据我们的回答,选出了三位我们提到最多的歌手,然后让我们说一说这三位歌手给我们的感觉。不知不觉中,老师通过提问的方式打破了我们之间的隔阁，我们也放下了对老师的抵触情绪。

作为演讲者，我们上台后的第一个任务是就让观众接受我们，对我们迅速建立信任感。而提出观众感兴趣的问题，让他们有参与进来的冲动，就是一种非常好的破冰方式。

二、增加观众的参与感

现在的年轻人，已经不喜欢用传统的方式接收信息了。如果我们能够让观众参与进来，他们会愿意协助我们增强现场气氛。

当我们在台上提出问题时，知道答案的观众就会很兴奋，会迫不及待地想要表现自己；不知道答案的人又分为两种，一种是马上想答案，另外一种是不想答案，可是又害怕会问到他，也会警觉起来。总之，不管是哪一种人，都能帮助我们把现场的氛围调动起来。

三、了解观众的想法

有些时候，我们对观众的判断会有失误，会想当然地站在自己的角度揣摩观众的想法，这使得我们的观点趋于片面，无法真正讲到观众心里。

如果能向观众提出一些与演讲主题相关的问题，借此了解观众的真实想法，能够让我们演讲的内容更加全面，更容易击中观众的内心。

四、让自己更放松

再有经验的演讲者，在刚刚上台的时候，也难免会有点紧张。基于这一现象，我们可以提出一些简单的问题，与观众互动。当我们的提问得到观众回应时，我们就会暗示自己："观众在配合我，观众是喜欢我的。"坚定了这个想法后，我们在台上就会越讲越放松。

五、激发灵感

优秀的演讲者不仅是一位价值输出者，同时也是一位知识输入者。有时候，观众给我们的意想不到的回答，有可能帮助我们获得新的灵感。

郭德纲老师在表演时经常跟观众互动，有时候观众出其不意地接了一句话，郭德纲老师能就着这一句延展出一个新的包袱，把现场的氛围带到一个新的高潮。

六、控制时间

做需要几个小时的长时间演讲，就会涉及一个问题：不同的板块发挥的时间不同。

提问环节可以帮助我们进一步分配时间。如某些板块讲得时间太长了，就可以短一点；有些环节讲得太快了，那么就可以把提问的时间拉长一点。

那么，该提什么样的问题呢？我把演讲中提出的问题分成两类：封闭式问题和开放式问题。

封闭式问题。这类问题的答案往往是明确的，并且不需要展开。比如问观众："晚上入睡时间超过 11 点，这样好不好？"观众只需要回答"好"或者"不好"即可，而不需要回答为什么，比较适合我们希望观众做出简单回答时使用。

开放式问题。这类问题没有固定的答案。比如我们问观众："为什么你觉得知识能够改变命运？"观众对这个问题的回答可能有千万种。这类问题能够提高演讲的趣味性，激发观众深度思考。但因为开放式问题的答案五花八门，往往不适合让每位观众都做回答，可以只找一两位观众作为代表，或者让观众思考片刻后，演讲者给出自己的答案。

如果从所提问题的层次和内容上讲，还可以把它细分为三种类型：

一、知识类提问

针对前面的演讲内容，提出一个相对简单的问题，看看观众知不知道答案，观众也不用思考很久。当观众很快给出答案后，我们便可以顺势引出新的内容。

比如，你讲的是关于克服演讲紧张的方法，那么在你做完演讲后，你就可以问："大家知道克服演讲紧张有哪些方法吗？"

二、理解类提问

如果我们讲述了一段专业性较强的内容，为了检测大家有没有理解，就可以采用理解水平提问法。

比如，关于克服演讲紧张，你就可以问："大家知道提前彩排可以降低紧张感，请问这是为什么呢？"

三、应用类提问

这种提问要求观众对演讲内容有更加深刻的认识。

比如，关于克服演讲紧张，你就可以问："你的朋友现在马上要上台了，可是他告诉你自己非常紧张，请问你要如何帮助他克服紧张？"

演讲提问的方法除了上面提到的这些，我们还可以根据现场情景等选择恰当的提问方式。

在演讲中加入合适的问题，既能增加与观众的互动，还能增强演讲者的自信。但提问虽然有诸多好处，也要注意问题的数量要适当，如果提问太多，观众可能会觉得乏味。

想要提问效果好，还要掌握小技巧

前文中说到，在演讲中提问，能够快速破冰、打开观众的思维、增强观众的参与感，活跃现场气氛等。提问的方式也有很多，可以提出封闭式问题，让观众做出简单回答同，也可以提出开放式问题，引导观众展开思考，还可以针对演讲中的重点内容，提出问题，帮助观众理解和深化演讲主题。

虽然在演讲中提问的好处有很多，问题提出的方式也有很多种，但并不是只要提问，就一定能获得好的演讲效果。想要真正用提问给演讲增色，还有几点需要注意。

一、注意停顿

很多学员刚开始运用提问法时，节奏把握得不好，导致演讲效果大打折扣。

在台上问完问题，要马上停顿，因为需要留给观众思考的时间。停顿的时间，可以是三秒钟左右。这个时候不要觉得尴尬，观众集体安静的时候，其实是演讲者集中大家注意力最好的时刻。分辨一个演讲者是新手还是老手，往往从这个细节就能看出。

如果我们要回答自己的问题，在回答的时候，最好也有停顿。这样既能显示出我们的沉稳，又能让观众感觉到我们有经过认真的思考。

二、注意逻辑

我们提出的问题，一定要与主题高度相关，不能问一些莫名其妙、跟主题不相关的问题。

高级的演讲者在提问时，喜欢问一个表面上与主题无关，但实际上跟主题高度吻合的问题。比如问"为什么电影里海盗的一只眼睛是瞎的"？答案是：海盗戴上眼罩并不是因为眼睛看不见，而是为了让一只眼睛始终适应黑暗。当他们处在无光的环境中，只要把眼罩换到另一边，就能在黑暗中恢复视力。

表面上，这个问题在问海盗的眼睛瞎不瞎，但演讲者的主题落在了人如何适应环境上，所以这个问题与主题高度相关。

三、注意态度

我们在提问时，心态不能高高在上，一定要用平等交流的心态去提问。

有一位教管理的老师在演讲台上问观众："你们知道学习管理的重要性吗？你们知道不学管理的话，你们的团队将会面临多大的灾难吗？"

这样的提问一出来，台下的观众立马发出了嘘声。这种强硬的口气会给观众造成不适感，让观众远离我们。

四、合理控制问题密度

虽然在演讲中提问有诸多好处，但也不要连续抛出无数个问题，这样会让观众发蒙，甚至产生逆反情绪。

有经验的演讲者会在演讲内容中穿插提问,提问只是整场演讲的点缀,而不是主要形式。而且,演讲者一定是先解决了上一个问题,才会提出下一个问题。这样循序渐进,给观众一种很通畅的感觉。

五、注意问题的难易程度

提问时,问题越具体越好,越贴近生活越好。一般来说,当演讲者提出与观众息息相关的问题时,大家的注意力很容易被演讲者吸引。

虽然说问题最好简单一些,但也不要问太多太简单的封闭式问题。"对不对""是不是"这样的话,可以偶尔出现,但出现太多,容易让观众反感。

六、预判可能出现的情况

问题提出后,要对大概会收到几种答案心里有数,再根据不同的答案,做出不同的预案。不能让自己提出问题后处于失控状态。

七、给观众回应

如果我们提问时,是单独问某一位观众,那么当他回答了我们的问题之后,我们要做的一件事情就是给他反馈。

有些演讲者问完问题以后,立马就接着讲自己的内容。这个时候,观众会有一种脱节的感觉,也会感觉自己不被重视。

好的问题,是整场演讲的点缀。掌握了提问技巧,就离优秀的演讲者又近了一步。

演讲，就是边演边讲

我在跟游本昌老师学习表演的时候，老师经常告诉我们："能够用演的就不要用讲的。"比如说，有一个场景：女生接到男朋友的电话，但女生当时心里很烦，不想接。这个时候，配合台词和仅仅用表演，就是两种不同的呈现方式。如果用台词，女生可以说："我现在非常烦，不想再听你的电话了。"如果仅仅用表演，女生就可以做出心烦的表情，直接把电话挂掉。在脑海中想象一下这两段表演，哪一种给你的感觉更强烈？肯定是后者。

表演是这样，演讲也是如此。演讲之所以叫"演讲"，就是因为需要边演边讲。演讲的原则与表演一样，就是能够用演的，就不要用讲的。

有人说，我又不是演员，该怎么表演呢？不用担心，演讲中的"演"，并不需要我们具备专业演员级别的演技，只需要掌握一些简单的技巧，就能给演讲增色不少。

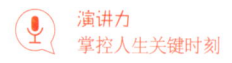

一、认定自己的主角光环

当我们踏上演讲舞台，面对着台下成百上千的观众时，我们的舞台已不仅是一个讲台，它更像是一个片场。我们就是唯一的主演；台下的每一位观众，都是这台戏的群众演员。不过，他们既不知晓剧本，也没有事先设计好的台词，他们的反应，都需要我们来引导。

这个时候，我们要认定自己的主角光环，引导好观众。这样观众才能顺利接住我们抛过来的"球"，这场戏才能演得精彩；反之，演讲就难以取得预期的效果。从这个角度说，一场成功的演讲，是演讲者与听众间良性互动的结果，二者缺一不可。

二、增强戏剧性

评价一部电影好不好，最重要的是评价电影中演员的演技是否高超。高超的表演会令我们得到享受，而缺乏演技的表演则令人感到乏味。演讲也是同样的道理。即在演讲中加入高超的表演。什么是高超的表演？这里没有明确的答案。我个人的看法是：既要有真实性，还要具有戏剧效果。

一般来讲，演讲者在舞台上的表现要尽量真实，但是舞台上的真实只是我们对自身真实经历的强化。真实但缺乏戏剧效果的演讲多少有些无趣！那什么是戏剧效果？夸张、变形、搞怪、无厘头……鲜明的对比，强烈的反差，总之是刻意行为。

如果演讲中需要插入表演，大概是什么时候呢？没错，就是讲故事的时候。想要在讲故事时增强戏剧性，可以在对话上下功夫。比如说，一人分饰两角时，可以让一个人的声音特别高，另一个人的声音特别低，以此形成反差，营造戏剧效果，同时也增加了辨识度。也可以让一个人的语速非常快，另一个人的语速非常慢，语速的强烈对比也能体现出戏剧性。或者是加入肢体的动作转换，比如，一个人讲话时，身体转向右边，另一个人讲话时，身体转向左边。这样左右转换，也能活跃舞台气氛，让观众充满新鲜感。

戏剧性的表演能让我们的表达更到位，也能吸引观众的注意，增强舞台效果。

三、情绪要饱满

对话方面的技巧，是从外在层面提高演讲效果。想从内在层面提升演讲感染力，就要在演讲中做到情绪饱满而到位。如果要讲的故事发生在自己身上，就回忆一下当时的情景，还原当时的心情；如果故事发生在别人身上，就设身处地地想一想，尽量体会当事人的情绪。

比如，我们说"别动！"就要结合准确的场景，讲出饱满的情绪。如果是上学时，同桌正想偷看我们的日记本，那我们讲出这两个字时，语气中可能带着愤怒；如果我们正在帮女朋友吹头发，说出这两个字时，可能尽是温柔；如果我们正在过马路，朋友没有看到身后疾驰而来的车辆，我们说出这两个字时，可能充满焦急和担忧。不同的场景，对应不同的情绪。饱满的情绪，有助于观众接收我们的信息。

情绪到位后，在表达时也要注意语言表达的准确性。准确性不仅包括用字用词方面，还有语气和语调。在练习语气和语调时，我们可以借鉴主持人的训练方法，在说同样一句话时，用不同的重音表达不同的意思。

比如：（加点部分表示需重音）

1. 今天我不想看电影。（今天不想，可能改天想）
2. 今天我不想看电影。（我不想，别人可能想）
3. 今天我不想看电影。（可能想待在家里）
4. 今天我不想看电影。（不想看电影，可能想干其他事情）

在演讲中，多训练对重音的把握，也有助于提升我们的感染力。

现在有一些配音的APP，能帮助我们训练情绪表达。当我们看着熟悉的影视剧，然后给它们配音时，情绪就会不由自主地跟着剧情走。这种发自内心的情绪，是演讲中真正重要的元素。

四、利用表演带动观众

我们在舞台上演讲时，不仅要让自己做到"真听真看真感受"，也可以将观众带入这样的氛围。

如果我们讲述的案例要采用一对一的问答形式，不妨在现场随机挑选一位听众，邀请其上台共同表演。我曾经在一次演讲中邀请了一位男士与我进行情景再现，当时台下的听众一下子都来了精神，那位男士也表现得非常兴奋。那场演讲最终取得了不错的效果，应该与这次互动有关。

观众作为演讲活动中的配角，基本上一直处于被动接受的地位，利用表演带动观众，让观众得到登台的机会成为主演，无形中便拉近了观众与我们的距离，也增强了观众的参与感。不仅上台的观众可以切身体会到这种参与感，没有登台的观众也会有一种被重视的感觉。

演讲之所以称为"演讲",因为它需要边演边讲。虽然相对而言讲是整个过程中更重要的部分,但如果学好了"演",就能在很大程度上提升演讲的感染力,增强表达效果。

🎤 忽然忘词，可以这么办

脱稿演讲中，最常见的问题就是忘词，这大概也是最糟糕的问题之一了。我曾经就遇到过这种情况，明明在台下准备得很充分，也调整好了状态，可是兴致勃勃走上演讲台后，突然大脑一片空白。看着台下一双双期盼的眼睛，我心跳加速，手足无措，心里万分着急，脑门上全是汗珠。观众都在安静地等待我开口，可该说什么，我一句都想不起来。

事后，我十分懊恼，找到我的导师寻求牢牢记住演讲稿的方法。导师拍了拍我的肩膀，对我说："不只是你，演讲时忘词是普遍现象，也是正常现象。你需要训练的不是把演讲稿记得更牢，而是掌握忘词后的解决之道。"

这句话让我顿有醍醐灌顶之感。后来，我就有意识地训练自己。当我在台下练习时忘词，就会假装自己在台上，训练自己的临场反应。久而久之，我就不再害怕忘词了。

无论是在台上正式开讲还是在台下训练时，演讲忘词，都可以使用以下五个方法。

一、主动提问法

在演讲时，如果我们突然忘记了接下来要讲的内容，可以向观众提问相关的问题，给自己留出一定的思考时间。

比如，我的学生石慧在一次演讲中，分享减肥的五大妙招。但她在分享完前四个妙招之后，突然忘记第五个妙招的名字是什么了。本来，她讲得慷慨激昂，可当发现自己忘词后，她的语调变得低沉下来，语速也慢了下来。她走到舞台边缘，看着台下的观众，问道："越来越多的人因为过度肥胖而导致身体出现问题，越来越多的人尝试了各种各样的减肥方法却依旧无效。那么，我想问一问，有没有人知道，传统的减肥方法有哪些？我想先听听现场各位朋友的回答。"

这时候，有几位观众站起来分享了自己尝试过的减肥方法，石慧又点名问了一位观众是否还知道其他的减肥方法。现场的气氛一下子热闹起来，观众互动感很好。互动结束后，石慧回到舞台中央，继续分享第五个减肥妙招。那场演讲最后的效果非常好，全场几次掀起高潮。

演讲结束后，石慧对我说："我演讲的时候忘词了，你看出来没？"我心里一惊，回想她的整个演讲："难道是提问的时候？"石慧点点头："虚惊一场，还好后来想起来了。"

说实话，如果不是石慧告诉我，我根本没有看出来她忘词了。她提问的时候非常自然，问题也与演讲主题高度契合，并且达到了相当不错的舞台效果。这种自如的心态和临场提问的准确性，与石慧在平常练习时有意识地训练临场发挥能力有很大的关系。

演讲时忘词，主动提问法是一个很不错的方法，既不会冷

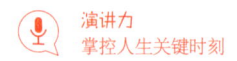

场,又能增加观众的参与感。问题与演讲的内容浑然天成,还能将忘词的小危机转变成演讲中的亮点和高潮。

二、话题延展法

如果忘记了下面要讲的内容,还可以把上面讲过的内容做一个延展。

我在做一次现场演讲时,主题是"击中内心的笑脸"。我讲了一个故事:上学时期,我因为不认真听讲被罚站,遭到同学们的嘲笑,心里很难过。每一位同学路过正在罚站的我时,都发出阵阵讥笑声。当我快要难过到哭出来时,同桌的女生悄悄拉了拉我的袖子,朝我甜甜一笑。我的心里一下子涌起一股暖意,眼泪虽然还是掉了下来,却是因为感动,不是因为难过。

讲完这个故事之后,我忽然忘记后面要总结的内容了,更想不起来接下来我想表达的观点。于是,我顺着这个例子延展开来,回忆起我上学时期印象深刻的笑脸,想把关于这些笑脸的记忆一个一个讲出来。当我讲到第二个的时候,我忽然记起我原本想表达的内容,于是就把正在讲的内容做了合适的结尾,继续进行后面的演讲。

忘词时根据正在讲的内容进行延展,有利于我们串起记忆的线索,从而顺利找回记忆。

三、过渡衔接法

紧张就会容易忘词,忘词会导致我们的情绪更加紧张。当我们忘词时,要第一时间缓解自己的紧张情绪,告诉自己放松下来,或者快速将紧张调整为兴奋情绪,把自己从消极和焦虑中解放出来。

当我们迅速调整好情绪时，可以用一句话过渡的方式，为自己赢得回忆的时间。一句话的过渡衔接可以这么说："今天看到现场的朋友，我有点兴奋，大家能否给我点热烈的掌声？"或者说："朋友们，我前面的内容，有没有讲清楚？"如此一来，我们便可以利用观众鼓掌或者思考的时间，让自己想起演讲稿后面的内容。

四、跳跃衔接法

很多时候，我们在演讲过程中忘词，仅仅只会忘记下一句或下一段内容，不会忘记全部内容。所以，如果实在想不起来忘掉的内容，不妨就从记得最清楚的那一段接着讲。如果我们在后面的演讲中又想起来了，并且认为这部分内容比较重要，可以找适合的时间点进行补充。可以这样说："刚才讲的，有一点还值得一提……"

还有一次，我在一场分享记忆法的演讲中，突然忘记了大脑的活跃时间具体是几点到几点，我感觉自己可能一时间想不起来，于是直接跳过这一段，讲起了归纳记忆法如何应用。所有的记忆法都讲完之后，我觉得有必要补充一下大脑的活跃时间，于是说："人的大脑在一天中也有一定的活跃规律。结合大脑的活跃规律进行记忆，能够使记忆效果翻倍。大脑的活跃规律是这样的……"

补充忘记的内容时，一定要选择合适的时机，这样才能让我们的补充更自然，让整个演讲更加浑然天成。如果直到演讲结束还是没有想起来忘掉的内容，那也没关系，只要观众通过我们的演讲有所收获，就是一次好的演讲。

五、即兴演讲法

如果实在想不起来，又不善于运用上面的方法，也千万不要站在台上发愣。愣愣地站在台上，不仅自己觉得尴尬，观众也会对我们失去耐心。这个时候还有一招——即兴演讲。

演讲稿是我们自己写的，演讲主题也是我们思考过无数遍的，即使暂时忘记了演讲稿上的内容，演讲主题的整体思路一定是不会忘的。我们可以暂时即兴演讲，把语速放慢，等待大脑与记忆接轨的那一刻。

> 张作霖年轻时，面对敌人的大炮都毫不胆怯。但有一次，他去军校视察工作，学校的负责人邀请张作霖上台给学生们讲几句，面对台下黑压压的一群学生，张作霖却紧张了起来，上台刚讲了一句，就把接下来的词忘了个精光，大脑一片空白。他低头看了看手中的稿子，无奈又不认识几个字。停顿了十几秒后，他干脆大手一挥，将演讲稿一丢，呵呵两声，开始了即兴演讲。对着下面的学生，他说道："你们都是好小子，好小子就得好好干！等毕业了，想当什么就当什么，排长、连长、营长都行，就算是当大帅也没问题。只要你们肯努力，不怕死，你们想要什么，我都能给你们。不过有一样例外啊，我老婆可不能给你们。"学生们听到这里，顿时都哈哈大笑，气氛也一下子活跃了起来。

忘词未必是一件坏事，只要我们能灵活控场，说不定就能让演讲更加精彩。

应对忘词的方法有很多，不管我们采用哪一种方法，都不可以欲盖弥章，因为这样只会失去观众对我们的信任，让演讲效果大打折扣。如果实在不能灵活掌握，那就敢于承认，真诚面对。真诚一定比故意掩饰要好，也更容易获得观众的理解和谅解。

演讲者需要掌握忘词的解决之道，同时也要有意识地减少忘词的概率。想要告别忘词，一个关键的方法就是别死记演讲稿，而是要提炼关键词。只要我们把关键词记住，即使忘记了演讲稿的具体内容，也能临场发挥，把大概的内容讲述出来。

自嘲，是提升个人魅力的法宝

很多人听演讲，有的时候仅仅是因为喜欢演讲者这个人。而有些人不喜欢听某人的演讲，也可能不是因为他的演讲内容，而是看到他就产生反感心理。

所以，作为演讲者，提升个人魅力，赢得观众的喜爱，是非常重要的。只有让观众接受了我们，我们的演讲才会更有意义。

据我观察，在演讲台上，其中一个能迅速提升个人魅力，让观众接受演讲者的法宝，就是自嘲。一个人长得好看，不一定能得到大家的喜欢；一个人有钱，也不一定能得到大家的喜欢；但是一个人擅于自嘲，擅于给他人带来欢乐，那大家一定都会喜欢他。

所以，如果我们能在演讲的时候，运用自嘲让大家感受到快乐，就算我们的内容逊色一些，观众很有可能还是会喜欢我们。

如果能够发现自己的缺点，多训练自己自嘲的能力，我们会渐渐发现自己的心理素质也在变强。因为擅长自嘲的人，都有很强大的自信。自嘲者有一种强大的人格力量，他们从不自怨自艾，而是敢于正视自身的缺陷、不足和失败。学会自嘲，也是强大自己的开始。

自嘲还有一个很隐蔽的优点，那就是观众在看我们时，往往是带有评判性的，说白了，很多人就是来挑毛病的。我们越觉得自己厉害，观众就越想挑我们的毛病。而当我们自嘲的时候，观众反而会放下挑毛病的心理。

高级的自嘲其实也是一种自我保护，在观众给我们挑毛病之前，我们先给自己挑毛病，这样观众就不好再说什么了。因为对于观众来讲，他们也有道德压力，当他们听到我们的自嘲时，他们内心的台词是："你都这样说自己了，如果我还说你，那是不是有点过分了？算了算了……"

这就是自嘲隐藏的深层力量。

很多经常演讲的公众人物和企业家都非常善于通过自嘲让观众放松，把自己的身段降低。先让观众喜欢自己，再通过自己丰富的阅历和演讲能力把氛围推向高潮，最后完成一场漂亮的演讲。

不过，自嘲的效果虽好，却是一个技术活儿，作为演讲者，我们可以从哪些角度进行自嘲呢？

一、我们不擅长的领域

有些地区的人讲话会有一些口音，导致普通话讲得不标准。那么发音就是这部分人不擅长的领域，就可以以此来自嘲。

作家贾平凹在参加中央电视台的文化情感类节目《朗读者》

时,就自嘲过自己的口音。他说:"我只能用陕西话在这儿讲话,因为普通话我也讲不了,曾经给自己打圆场,说普通话是普通人说的。"一句话逗笑全场观众。主持人董卿跟着自嘲:"我终于知道,我为什么这么普通了!"再次赢得观众的掌声。

二、我们与生俱来相对较弱的方面

我们与生俱来相对较弱的方面,如长相不太好看、家庭条件不太好等,都可以拿来自嘲。

马云就曾经自嘲过自己的长相:"有人说我像外星人,其实我只是长得像而已。"

我在演讲中也自嘲过自己的原生家庭:"因为家庭条件不好,小时候住在地下室,没怎么晒过太阳,所以现在长得比较白。"

2017年的时候,我是光头的造型,所以我经常在演讲开场时,自嘲自己"自带光环"。

但是切记,自嘲一定要选择自己真正比较弱的方面。假如我们身高一米八,却自嘲自己长得不够高,那很可能就会适得其反!

三、我们曾经的低谷

很多企业家经常借曾经的低谷,或者曾经被拒绝的事情来自嘲。

新东方创始人俞敏洪,经常在演讲中拿自己高考失败的经历来自嘲。除此之外,在一次演讲中,他还自嘲说:"我已经是一个过时的成功人士了,现在只能为创业者提供钱和资源了。"

很多人以为像俞敏洪这样的成功人士会是高高在上的，但是他却用自嘲的方式放下身段，迅速拉近了与观众的距离。

作为普通人，自嘲自己曾经的低谷，也一样可以提升个人魅力。我也在演讲台上自嘲过自己在初中登台演讲时被大家嘲笑，甚至被评委嘲笑的故事。自嘲的背后其实是自信，当我们开始自嘲，也就代表我们已经接受了自己，愿意去展示一个真实的自己。我们自嘲曾经的低谷，用一种一笑置之的态度把过去的坎坷讲出来，对我们来讲，也是更加自信的表现。这意味着，我们不再害怕低谷，我们已经有了战胜低谷的勇气。

当我们放低自己的身段时，观众会看到我们的真诚。

四、我们出丑的事情

很多唱歌不好的艺人喜欢拿自己唱歌走调来自嘲。

有一次，黄晓明在节目上自嘲说："有人批评我唱功不好。我连演技都不好，你凭什么要求我有唱功？"

我在演讲中，也常常借刚出道时讲课把台下的观众讲睡着的事情来自嘲。

一般来讲，我们出丑的事情跟自己的职业有关系。有时候，我们越在意出过的丑，越很难跨过那道坎。尝试用自嘲的方式讲出来，反而会获得一种战胜自我的勇气。

五、我们的内心独白

把内心独白勇敢地讲出来，有时候也是有好效果的。

有一次，到了上台时间，因为一些突发状况，林志颖老师必须推迟几分钟才能上台。于是，节目组安排我临时上台跟大家讲点什么。站到台上，我说："我知道我现在说什么都是多余，

因为大家想听的是小志老师的演讲。要不是现在小志老师还在化妆,我也不愿意上来耽误大家的时间啊!"

我用一种很调皮的方式讲出这句话后,观众会心一笑。接着,我开始用我的方式主持活动,讲了一些小志老师不为人知的励志故事,时间差不多后,用一些连接语引出小志老师出场。

还有一次,我去一所重点高校演讲。我的开场白是这样的:"来这里讲座,我在上台前准备的台词是'我没想到有这样的机会来这里演讲',但是,我想我还是要坦诚,其实我从小到大一直在想了,我奋斗了这么多年,就是想来这里演讲,今天我终于实现愿望了。"我讲完这段话,因为我的坦诚,台下响起了热烈的掌声。

相信大家已经发现了,自嘲就是暴露自己的缺点,或者讲自己不太如意的经历。可能会有人说:"如果我没有缺点怎么办?"

其实,你觉得自己没有缺点,可能就是你最大的缺点。因为人无完人,每个人都会有缺点。而你觉得自己没有缺点,往往只有两种情况:要么是没有发现自己缺点的能力,要么是没有发现自己缺点的勇气。

能力和勇气是成为一个自嘲者必不可少的条件,而勇气往往比能力更重要。绝大多数的人不敢自嘲或者不会自嘲,往往都是因为过不了心理这一关。

我问过很多观众,他们并不会因为演讲者在台上自嘲而真的对他自嘲的那个点有看法。相反,他们会觉得他很勇敢,并因此喜欢上他。所以，没有必要背上心理包袱，勇敢地自嘲吧。

如果你实在不知道要自嘲自己什么，你可以去问你的死党们，只要你认真地问，他们就会真诚地告诉你。如果他们迫于压力实在不好意思说，那你可以让他们匿名写给你，这样你就会知道自己有多少缺点了。

从自己的缺点入手尝试自嘲，慢慢地，你就会发现，你越来越招人喜欢，并且越来越自信。

不过，说实话，即使我们在台上做到了自嘲，我也不敢保证所有的观众都会喜欢我们。毕竟众口难调，再加上每个人对于"喜欢"的定义不同。但是，大体上，擅于自嘲的人，更招人喜欢。

作为演讲者，获得观众的喜欢不是我们的最终目的。我们的最终目的只有一个，那就是传递我们的价值。而提升个人魅力，让更多人喜欢我们，才会让我们所传递的价值更大。

互动，拉近你与观众的距离

很多初学者，在演讲时只顾着讲自己的内容，忽略了与观众的互动。要知道，与观众进行互动，能够活跃现场的气氛，也能让观众更快地接受我们。另外，在演讲过程中，观众的注意力很难长时间集中，适当的互动也能够把观众分散的注意力重新集中回来，增强演讲效果。

在演讲台上，有哪些常用的互动技巧呢？

一、挥手

从台下走上演讲台，一般需要三十秒。在这三十秒中，有的人只是单纯地走上去，有的人会边走上台边向观众挥手示意。单纯地走上台，容易给观众造成一种距离感，会让人觉得我们很高冷。而边走边打招呼，观众会感觉我们很亲切，甚至很熟络。当我们给观众营造出熟悉感时，观众自然更愿意接受我们。

上台时挥手致意，是很多政客喜欢的方式。有些政客在台上站定后，依旧微笑着向大家挥手，这就给观众营造出一种"我们很熟悉"的感觉，成功做好了第一次暖场。

现在的一些综艺节目，嘉宾在出场时会设计很丰富的出场方式，除了挥手，还会配合搞怪的表情、调皮的肢体动作等，增加与观众的互动，活跃现场气氛。

二、唠家常

很多公众人物到一个陌生的城市做演讲时，上台之后往往不先说正事儿，而是唠一唠家常。比如说，夸一夸这个城市的风景很有特色、特色小吃很不错，或者分享初到这个城市遇到的趣事等。

2014 年，乐嘉老师在南京的东南大学演讲。东南大学有一个非常好的传统，那就是举办各种活动之前，同学们都会集体起立，唱校歌。学生们对这种举动习以为常，并不觉得有多么特殊。但乐嘉老师一上台，就发自内心地表达了他对学生集体唱校歌这件事的敬畏。乐嘉老师一讲完，全场欢呼，学生们有了荣誉感，乐嘉老师也很快与他们打成了一片。

三、配合表演

如果演讲中的案例涉及两个人的内容，我们就可以从现场拉一个面善的观众来配合我们。这种配合非常简单，观众甚至不需要说话，只是站在原地，但效果却能大大提升。

比如，我的演讲中提到过一位可怜的男生，他正在跟他的女朋友求情。我就故意请一位女孩原地起立，然后在她面前演了起来，惹得观众哄堂大笑。

在选择观众时，要注意提前判断想选的这个人是否合适，是否会配合我们的演讲。一般来讲，在我邀请观众起身之前，都会提前到不同的区域走一走，找那种一直盯着我演讲，并且会露出笑容的观众,而不会找那种面无表情、对我不屑一顾的观众。

四、同频

与观众的互动,不仅包括动作上的互动、语言上的交流,还包括精神和心理上的交互。每个人都喜欢在精神和心理上跟自己同频的人,只要能够找到我们与观众的相同点,适时与观众同频,观众就会更喜欢我们。

有一次,我回母校演讲,演讲开始时我说:"在座的各位都是我的学弟学妹,我们是一家人啊。"讲完这句话,台下的学生们就开始沸腾了。

我到晋江最优秀的中学之———晋江一中演讲时,我说:"晋江一中是我从小就想来的中学,每天坐公交车都会路过一中。今天,我终于来到我梦想中的学校演讲啦!"讲完以后,台下的学生就开始欢呼。

我到国家"211工程"重点建设高校——福州大学演讲时,我在开场时说:"从小,父母就跟我说福州大学是培养福建人才的摇篮,我也是福建人,今天有机会来福大演讲,也是为福大的教育作贡献。我一定知无不言,言无不尽,因为我们都是一条战线上的人啊!"我讲完这句话,学生们响起热烈的掌声。

除了通过共同点同频之外,还可以用"我和大家一样"这种表达方式,在心理上与大家同频。

比如,"我和大家一样,渴望更好地提升演讲技巧。""我和大家一样,希望在未来管理好自己的团队。"

当观众听到我们和他们一样的时候,会感觉我们和他们是同频的,这样一来,后面的演讲他们就更愿意听进去。

五、游戏

人们都喜欢有趣的内容,在演讲中加入游戏环节,也能增强互动,让演讲变得有趣。适合在演讲中做的游戏,通常比较简单。比如,我们可以带领观众做一些动作,或者出灯谜、脑筋急转弯之类的题目请观众作答。

有一次,我在讲时间管理这个主题时,提前给每位观众分发了一张纸条,纸条上画满了八十个格子。我告诉观众,每一个格子代表一年,请把已经走过的岁月撕下来,假如我们可以活到八十岁,那么,剩下的就是我们还能掌握的时间。利用这种游戏方式,能让观众对演讲主题有更加深刻的理解。

我在前文还提到过请观众十指交叉,看是左手大拇指在上,还是右手大拇指在上。虽然从这方面看智商和财运纯属娱乐,但却能看出我们的日常习惯,习惯左手大拇指在上的人,尝试交叉时让右手大拇指在上,就会感觉很不舒服。如果我们的演讲主题是关于习惯的,就可以做这个游戏,让观众深刻地体会到习惯的力量。

六、提问

前面有一节内容,谈到用提问法给演讲增色。除了我们向观众提问,还有一种方式,是让观众向我们提问。

如何邀请观众提问,也有一定的技巧。让观众向我们提问,通常设置在演讲的末尾。俗话说:"只要诱饵合适,最难上钩的鱼也会上钩。"大多数人在演讲的最后,会问观众:"请问大家还有什么问题吗?"一般这样的问话一出,观众席通常鸦雀无声。演讲者再接上一句:"没有的话,我们今天的演讲就结束了。"于

是，演讲就在这样尴尬的情形下结束了。

但是，假如我们用更合适的方式、更得体的措辞向观众提问，或者针对我们演讲的某一部分提问，是不是会好一些呢？比如，我在一次演讲中问观众："我发现大家听得都很认真，那么，关于在演讲中增加互动，大家还有什么疑惑吗？或者大家想听我在演讲中的互动案例吗？"观众听完会从我谈到的这个点开始思考，提出他们感兴趣的问题。

认真回答完观众的提问后，还要记得给予观众口头嘉奖，或者送上提前准备好的小礼物。

以上是增强互动的技巧，除了上台时要注意运用这些互动技巧之外，平时也要有意识地把技巧融入练习当中。

去掉朗诵腔，氛围瞬间变轻松

在我的演讲课上，当学员获得了演讲自信，也掌握了一定的演讲技巧后，就开始争着当众演讲了。就在大家为自己的进步感到兴奋时，我又发现了一个普遍的问题，就是大多数学员在演讲时有非常明显的朗诵腔。

本来，大家在台下聊天的时候都挺好的，可是一上台，整个人就开始端着了，说话的腔调开始变得不自然。很多学员对我说："我也不知道为什么，只要一上台，讲话就自动带上了朗诵腔，控制不住呀！"

那么，我们演讲时，究竟为什么会不自觉地带有朗诵腔呢？

一、教育影响

一演讲就朗诵腔，与我们从小到大接受的教育有关系，尤其是语文方面的教育。小的时候，老师会带领我们朗读课文，通过朗读强化我们的理解和记忆。为了让全班同学读得整齐，老师通常会用一种固定的节奏带领我们朗读。我们参加学校的文艺活动时，因为舞台很大，观众与舞台的距离又很远，老师会指导我们放大声音，放缓语速。这样的教育经历，让我们误以为当众讲话就应该用固定的节奏。

事实上，演讲和朗诵都是一种舞台语言艺术。当众讲话时，优美的语言搭配丰富的内容，对观众来讲，是一种令人陶醉的享受。而所谓的朗诵腔，只是一种适用于朗诵的固定腔调，没有任何一种腔调能够脱离内容而独立存在。我们之所以会觉得朗诵腔听起来很别扭，大多数情况下，是因为这种腔调与我们演讲的内容并不搭配。在演讲中，如果用一种固定的腔调搭配自己的演讲内容，听起来就会有非常明显的朗诵腔，这非但不能给我们的演讲加分，反而会削弱演讲效果。

二、书面语影响

因为演讲是一种口头表达方式，所以，我们应该尽量用口语，而不是书面语。比如说，有一位学员在演讲时，表达了他对我的感谢，他说："特别感谢晋杭老师一直以来对我的鼓励，他对我的指导，也让我深深懂得了'吾日三省吾身'这句话的含义和重要性。"

"吾日三省吾身"就是一句书面语，在生活中，很少有人会这么讲话。大家通常会说："晋杭老师对我的指导，让我明白每天的反思特别重要。"

书面语的文字，会让我们在潜意识里想要用朗诵的腔调去表达，但换成口语，说出来就随意多了。

三、仪式感影响

在舞台上演讲，对我们每个人来讲，都是一件很重要的事情。我们在心底十分重视这项活动，于是就希望自己在各方面的状态都能相对正式，包括我们的发音。

受到仪式感的影响，我们会力求每个字都发音标准，但问题是，我们对语言表达的驾驭能力还不够，我们的发音还达不到所希望的标准。于是，我们会不自觉地借助朗诵腔的形式去填补我们发音上的不足。

但实际上，如果我们不是播音主持专业毕业的，我们的发音不够标准是非常正常的现象。就像我在电视节目中做过的演讲，如果严格去挑我在发音方面的问题，可能会挑出很多。但这些问题并不妨碍观众感受我的情绪。相反，如果我为了做到发音完美而讲话字正腔圆，观众反而会觉得奇怪。

演讲时有仪式感是好的，但不必在发音上过于在意。只要我们吐字清晰，别人能够听清楚即可。如果希望自己有一口标准的发音，可以私下慢慢练，但在舞台上，要以自然清晰为主。

在平时的练习中，想要避免朗诵腔，就要让自己放松下来。具体的放松方式，可以参考以下三种：

一、坐着讲

大多数人在练习演讲时，都是站着讲。这大概是因为站姿更容易帮助自己进入状态，而且，我们上台演讲时，多数也是站着的。但是，在练习时，为了帮助自己有效避免朗诵腔，我们需要营造一种轻松的氛围，找到聊天的感觉。

比如说，我们可以坐下来，对着镜子，看着镜子中自己的眼睛，假装是在跟自己聊天。我们把演讲稿用聊天的方式讲出来，就能有效避免朗诵腔。

如果能找到别人陪我们练习，那就更好了。双方可以面对面地坐着，营造促膝交谈的感觉。我们看着对方的眼睛，用谈话的方式把讲稿讲完。在对方面前越放松，聊天的感觉越浓烈，朗诵腔就越能够被避免。

二、走着讲

比坐着练习更有效的方式，是边散步边练习。因为散步时，我们整个人会更容易放松下来，边散步边讲话，就不会有朗诵腔了。如果可以的话，我们还可以尝试嚼着口香糖演讲，因为吃口香糖能够帮助我们呼吸，还能通过面部肌肉的运动刺激神经，使精神放松下来。

当然，如果能找到一位搭档陪我们散步就更好了。两个人肩并肩，边走动边讲述讲稿的内容，会比一个人练习更自然。

三、躺着讲

比边散步边练习还要有效的方式，是躺着讲。我们可以在床上躺平，在全身放松的状态下，把讲稿的内容讲出来。

一个人讲话时带有朗诵腔，很大程度上是在神经紧绷时出现的情况。所以最好的方式是通过外部的手段放松，转移注意力。

在践行以上三个方法的时候，有一个核心点要注意，就是追求完整，而不要追求完美。你不需要很流利地把稿件讲完，也不要追求什么节奏，就当作是聊天，怎么轻松怎么来，能够让自己完整讲完全篇就行。

这个训练的目的就是为了找到轻松讲话的感觉。找到之后，我们就可以减少在台上出现朗诵腔的情况了。

第五章

演讲表达
弄清你的"小问题"

🎤 想表达得清楚些,观众却嫌你啰唆?

不知道大家有没有体会过这种尴尬,你在台上演讲,台下的观众全部在玩手机。想象一下都会觉得好难受。

在我看来,这种局面是演讲者最大的耻辱。

造成这种情况的原因是什么呢?是观众没有耐心听演讲吗?是观众不够尊重我们吗?

在演讲现场,如果有个别观众玩手机,那可能是观众的问题,比如可能有事必须当场处理。但如果大部分观众都在玩手机,那就该从我们自身找原因了。

正常情况下,观众还是十分宽容的。在听演讲的时候,即使观众认为演讲内容对他没有太大的价值,通常也会出于礼貌听下去。只需要一分钟,观众就能够判断出这场演讲对他是否具有价值。但就我的舞台经验而言,我还从来没有见过观众在演讲的一分钟后就失去耐心,掏出手机的。当我们发现观众普遍开始玩手机时,很有可能是我们自己出了问题。大部分原因,是我们讲话太啰唆了。

假如我们的演讲不够好,但能尽早结束,观众都会给予我们掌声；如果我们讲得不好，还啰里啰唆没完没了，就不要怪观众玩手机了。有时候，即使我们讲得还不错，但内容老生常谈，观众早就听腻了，他们依然会掏出手机。

谈起讲话啰唆，可能很多人会说："我想表达得更清楚，怎么能叫啰唆呢？"

那我只能遗憾地说，有一种表达不清，叫"你觉得你表达不清"。实际上，观众早就清楚了我们想表达的内容。我们一遍遍地重复，只会让观众感觉多余。

讲话啰唆，原因主要有两个。

一、对自己没有信心

有一次，我问我的老师："一分钟算不算长？"

我的老师说："那要看你是在卫生间里面，还是在卫生间外面……"

这当然是一种调侃的说法，但这其中，却不乏道理。当我们在卫生间里面时，一分钟可能不算长。如果在卫生间外面，正在忍受"人生三急"之一，那可能就会感觉无比漫长了。

处于不同的位置，对时间长短的感受是不同的。演讲也是同样的道理。

当一个人站在台上信心不足时，他不确定他讲述的内容是否精彩，是否对别人有帮助，他感受到的不是万众瞩目的享受，而是时间被无限拉长，甚至是度秒如年。

记得我刚刚出道讲课的时候，因为信心不足，总觉得自己讲的内容没有价值，两个小时的课时，被我用三十分钟就匆匆讲完了。但课程的时间是固定的，于是接下来的一个半小时，我就在台上把讲过的内容不断重复，感到十分痛苦。

后来我就发现，我这么做是因为我对自己没有信心。没有信心，就容易自乱阵脚，试图靠增加水分去填充剩余的时间。而当我有信心时，会侃侃而谈地讲下去。

二、对观众没有信心

我曾经做过一段时间的剧组制片人，负责统筹和协调各部门的工作。每次开会的时候，我都会反反复复地强调会议内容。该交代的事情明明已经交代清楚了，但还是要翻来覆去地讲，甚至一度陷入自嗨的状态。因为我总是觉得，自己讲的东西只有自己能懂，别人没懂。可其实，大家都懂了，只有我自己认为大家没懂。

我们演讲时也是一样，害怕自己讲的内容观众没有听懂，于是一遍一遍地重复。其实，只要保证我们第一遍讲得清清楚楚，认真听的观众就一定听懂了。我们一遍遍地重复，就是对观众没有信心的表现。

在这里，我再为大家提供三个实际有效的训练方法，帮助大家克服演讲时啰嗦的问题。

一、计时训练

作家在训练文字表达的精准性时，会用规定字数的方式训练自己，即在规定的字数内将主题表达清楚。

曾经，发布微博的字数限制是140字。虽然有人抱怨字数太少，但是这个限制催生出很多精悍小说。大家把这类小说称为微小说。

演讲也可以套用这样的训练方法,把方式转换为计时训练,就是在练习演讲时加入计时环节,如限定自己必须在3分钟内讲完规定的内容。坚持养成计时训练的习惯,讲话啰唆的问题会有所改善。

二、去掉赘词

健身的时候,教练会帮助我们去掉赘肉,因为它影响了我们的身材。演讲中,也要去掉赘词,让演讲更简洁。

赘词,即"这个""那个""啊""嗯""噢"等一类的词。

这些赘词在演讲中出现是很正常的,但是如果高频出现,会让观众感觉很啰唆。赘词出现太多,观众还会怀疑我们演讲的可信度,演讲的效果会大打折扣。

避免使用赘词有两个小技巧,一个是放慢讲话的节奏,另一个就是用连接词替换赘词。可以用的连接词有:首先、然后、其次、最后、紧接着、之后、不但、而且、一方面、另一方面等。

三、写逐字稿

我们之所以会经常说赘词,是因为在我们表达的时候,还没有想好后面该怎么讲,就已经讲起来了。为了填补思考时的空隙,就用了大量的赘词。那么写逐字稿就是有效的秘诀之一,正如我参加《超级演说家》时对自己的要求。我会把稿件一个字一个字地写下来,修改上百遍,再背诵上百遍,最后在节目中呈现出几乎没有赘词的效果。

想要表达得更清楚,还可以用强调重点的方式,比如用重音讲关键字词,或者重复重点句子,而不是将全篇内容反复讲。克服了啰唆的问题,我们的演讲会更有说服力,舞台效果会更好。

不知道为什么,观众就是不喜欢你?

对演讲者来说,没有任何一件事情比获得观众的喜欢更让人有成就感。与之相反的,如果观众不喜欢我们,我们的自信心就会遭受很大的打击,甚至怀疑自己不适合演讲。

很多演讲初学者都有类似的困惑:明明自己已经很努力了,可观众就是不喜欢我,这是为什么呢?

一千个读者眼中有一千个哈姆雷特。没有人可以做到让所有人都喜欢,但我们至少可以做到不被大多数人讨厌。

获得观众的喜欢,往往不是一朝一夕的事情,需要长期的努力和坚持。但令观众讨厌,往往就是一瞬间的事。明明已经很努力了,可观众还是不喜欢我们,为什么?很有可能只是因为我们在演讲时一个不经意的动作,或者一个用错的词,让观众立刻开始讨厌我们。

根据我的总结,演讲中观众不喜欢的因素,有三点。

一、不恰当的肢体动作

不同的演讲者,会用不同的姿势完成演讲。每个人习惯和喜欢的姿势不同,但无论什么姿势,无疑都能传递信息。比如,一个演讲者在台上站得像军人一样挺拔,能给人一种庄严肃穆的感觉,但如果一直保持这样的姿势,会让人感觉太过严肃;一个演讲者习惯在舞台上来回小幅度走动,会给人一种轻松自如的感觉,但如果整场演讲都在不停地走,则会让人有眼花缭乱之感。

不同的肢体动作传达出不同的信息,每个人对信息的接收能力不同,接收到信息后的反应也不同。所以,很难说哪一种肢体动作是最合适的。但是,经过我的调查,有三个姿势会让人反感。

1. 双手抱胸

2. 双手插口袋

3. 食指指向观众

当演讲者在台上做出以上三种姿势时,观众会明显感觉到自己不被尊重。

可能有人会说:"我看过某位大咖的演讲,他在台上就用食指指过观众,但观众还是很喜欢他啊!"

因为人家是大咖级别的人物,他们已经获得了很多人的喜欢,观众不在意他们做什么动作,只要他们站在台上,观众就愿意听他们讲。但他们在成为大咖级别的人物之前,一定也会十分在意这些细节。

所以,当我们还处在希望赢得观众好感的阶段时,就要尽量避免走入观众的雷区。观众的感觉十分敏锐,而且感受比语言快十倍。只要我们做出以上三种敏感姿势,可能我们还没有开口讲话，就已经失去观众的喜欢了。

二、不恰当的用词

很多人在演讲的时候都喜欢用一个词：你们。

这个词本身没有问题，但是当演讲者在台上讲出来时，带给观众的感受很不好，观众会因为这个词和我们产生疏离。而我们在台上要做的事情，是要集合一切可以集合的力量，获得大家的认同。

这个很好理解，上学的时候，假如我们考试没有考好，老师会跟我们说："你们要好好总结原因，为什么你们没有考好，你们要争取下一次考好。"

作为学生，我们听了这番话，会觉得老师在责备我们，我们的感受是消极的。

如果不改变句子结构，只把老师话中的"你们"换成"我们"，会变成这样："我们要好好总结原因，为什么我们没有考好，我们要争取下一次考好。"

仅仅换了一个词，我们听到这样的话，就会有不一样的感觉，会觉得老师跟我们站在同一战线上，我们获得的感受是积极的、正能量的。

在演讲时，把"你们"换成"我们"，只是一个简单的调整，就能瞬间带来亲切感，拉近与观众的距离。

当然，演讲中并不用把所有的"你们"都适合换成"我们"。比如，祝福台下的情侣或者夫妻时，可以说"祝你们幸福"，绝对不能说"祝我们幸福"。要注意有针对性地进行调整。

关于不恰当的用词，还有其他例子。比如，讲完自己某一个观点时，我们总是喜欢问："你听懂了没有？你明白不明白？你清楚不清楚？"

我们的目的很简单，就是想问大家是否明白刚刚讲的内容。但是这样的表达会给观众带来压力。

怎么化解呢？

我们可以把"你听懂了没有？"换成"我说清楚了没有？"

这样的转换，表达的是同一个意思，但是却把最核心的压力转移到了自己身上。让观众来评价我们，避免给观众施加压力。

三、不恰当的举例

我听过一场演讲，台上的演讲者在提到当下社会的一些不文明现象时，为了情景再现，他把这些现象模仿了一遍。但是要命的是，他是用东北口音模仿的。坐在我身边的东北哥们儿，明显感觉自己受到了侮辱，当场就站起身来走掉了。

这就是不恰当的举例引起了观众的反感。

我们在演讲中举例说明时，难免会提到社会各界的事情。但是，我们在开玩笑或者举一些反面例子时，一定要三思。尤其是涉及不同的省份、种族、性别、宗教文化等敏感领域的时候，一定要加倍谨慎。

举例前要再三问自己，这个例子说出去，会不会伤害到某一部分人？有没有可能产生某些风险？如果不小心在这方面栽了跟头，引发的后果可能是我们难以想象的。

当我们觉得自己已经很努力了,但观众依然不喜欢我们的时候,可以静下心来想一想,是不是在演讲时做过不太得体的动作,说了不太合适的话,在不经意间触碰到了观众敏感的神经呢?

讲成功故事，观众反而觉得你在炫耀？

别人愿意听我们演讲，一定是我们做的某些事情值得演讲。我看过很多取得过小小成绩的人做的演讲，经常讲着讲着就开始带上炫耀的成分。前文提到过，观众的感觉比语言快十倍。有些细节稍微把握不准，观众就会觉得我们在炫耀。

从心理学上讲，炫耀是人的本能。但演讲是一种分享，是一种观点的传递。假如有人在演讲台上沾沾自喜，炫耀自己穿着昂贵的名牌服装，获得多少奖项，曾经的成绩多么辉煌时，即使观众认可他的能力，心理也会不舒服。我们永远无法通过炫耀获得他人的敬意，炫耀只会疏远我们与听众的距离。

一个上市公司的 **CEO** 在和我聊天时感慨：永远不要在台上炫耀。他说，人一旦在台上炫耀，一定会失去所有观众。理由是：比我们强的人，会看不起我们；跟我们一样强的人，会不屑于我们；比我们弱的人，会远离我们。

这时也有人会说，我并不是存心炫耀，但演讲时，总会谈到自己取得的成绩，又很希望通过演讲分享这些成功的经验。这个时候，分寸就不太容易把握，一不留神，就让人误以为是在炫

耀。如果我们的本心是向观众分享心得，却最终让观众误会我们在炫耀，那该多么得不偿失！

那么，在分享成功经验时，如何避免给别人一种炫耀的感觉呢？

一、发自内心地杜绝炫耀心理

我们都知道一句谚语："人外有人，天外有天。"谦虚是做人的优秀品质，何况我们是站在舞台上接受大众的检验。舞台是一个很奇妙的地方，你的优点会被无限放大，缺点亦如是。

有炫耀心理的人，在分享自己的成功故事时，他的潜台词是：这个成就，我有，你没有。

仅仅抱着分享心态的人，他的潜台词是：我现在的成绩是通过努力得来的。只要你肯努力，也可以跟我一样，甚至比我更好。

在演讲的舞台上，一定要发自内心地杜绝炫耀心理，只有谦虚和诚恳的演讲者，才能赢得听众的好感。

二、把重点放在感恩上

很多人在分享自己取得的成绩时，都会不自觉地描述自己为此付出了多少努力，这一路有多么不容易。当然，每个人的奋斗史，都是一部血泪史。但在演讲的舞台上，与其把重点放在肯定自己的努力上，不如多感恩身边的人对自己的付出。

一个有感恩之心的人，比一个只懂得拼命奋斗的人，更容易获得别人的好感。把重点放在感恩上，并不意味着完全否定自己的付出。比如说，可以先讲述别人给我们提供过怎样的帮助，在别人的帮助下，我们又是如何通过努力达到现在的成绩的。讲完这些之后，再对帮助过我们的人表达感恩之情。比如，中国科学家屠呦呦在发表诺贝尔奖获奖感言时，把获奖的荣誉归于集体，归于中国的科学事业、传统中医药事业。她的态度谦逊而又诚恳，让别人在敬佩她科学素养的同时，也敬佩她的为人。这样的感言，你会觉得她是在炫耀吗？

通过这种技巧，我们既能分享取得成绩的方法，又表达了自己的感恩之情，同时，也不会让观众感觉我们是在炫耀。

三、多分享细节和感受

没有哪一条奋斗之路是容易的，在这个过程中，一定有很多独特的感受，或者特别的辛酸。分享时可以把重点放在奋斗的艰辛上，从细节谈起，从感受谈起。

在《超级演说家》的舞台上，海米提做过一场励志主题的演讲。他讲到了自己在乌鲁木齐给一线主持人做替身时的经历，当时气温低于 $-20℃$，影棚中没有暖气，没有暖光，现场甚至没有一台机器会拍摄他，但他还是会用当家教赚来的钱，请老师帮他做一个很帅的发型，找化妆师帮他化一个很帅的妆，从衣柜中挑选出最帅的衣服，把原本不需要他背的台词一字不差地背下来，最重要的是，始终保持着职业的微笑。他明白，做这些，大概率上都是徒劳，但他心里还是存着一丝希望，万一有人看到了呢？万一哪位领导看到之后，觉得自己还不错呢？

在他讲这些细节的时候，全场观众安静极了，所有人都认真听他的演讲，在脑海中想象他当时被冻得浑身哆嗦却充满期待的样子。正是因为这些奋斗路上的细节铺垫，当他后面讲到他得到了正式的工作机会，甚至在中央电视台一号演播大厅讲述他自己的故事时，全场观众报以热烈的掌声，大家都深深地相信他的故事，也被他的奋斗精神所感染。

所以，在演讲中，多突出细节，尤其是奋斗过程中的细节，观众才会相信我们的故事。当我们再谈到自己获得的成绩时，观众也就不会感觉我们在炫耀，而是认可我们的努力，甚至以我们为榜样。

演讲是一门学问，分享是一门艺术。

如果我们没有调整好心态，或者因为急于求得观众的认可，在演讲时，不自觉地流露出炫耀的成分，那么我们就需要端正我们的态度。演讲者应当明确意识到：炫耀并不能证明我们有多优秀，谦虚也并不意味着不自信。相反，谦虚是顺应听众心理的一种基本姿态，而炫耀，只会让观众产生不适感，离我们越来越远。

杜绝炫耀不但不会削弱自我的表现力，反而会强化我们的能力与自信，展示我们的修养，打开听众的心扉，拉近彼此之间的距离，让听众坦然地接受我们。

🎤 分享小经验，一不留神就陷入说教模式？

每一位站在演讲台的人，都希望自己的演讲能给别人带来价值。而有价值的演讲，往往需要我们分享自己的小经验。因此，很多学员向我咨询过这个问题："向观众分享经验的时候，一不留神就陷入了说教模式，不仅观众觉得枯燥，连我自己都讲不下去了，怎么调整呢？"

站在演讲台上的我们，要时刻明白，听众是来听我们分享的，不是来听我们说教的。

说教，在词典上的解释为宣传宗教教义，也比喻生硬枯燥地空谈理论。喜欢说教的人总是一副鼻孔朝天、自以为是的样子，喜欢用盛气凌人、特别强势的态度去管教别人。说教很容易使人产生厌烦、反感的情绪。如果在演讲中说教，会使演讲者与听众之间产生距离感。

总之，说教是人们都不喜欢的沟通形式。

那演讲者在分享小经验时，怎么巧妙地避免说教，让观众接受我们的观点，引起观众的共鸣呢？

这就要用到一个技巧，叫作人称转换。

经常听到别人开玩笑说：赢了算你的，输了算我的。赢是每个人都高兴的事，输是大家都不太高兴的事，把好事归于别人，把不好的事归于自己，这是与人沟通的技巧。

演讲中的人称转换也是同一个道理，当我们在演讲中需要举例子时，好的例子，要放在别人身上；不好的例子，要放在自己身上，叫作人称转换法。

比如说，讲如何养成早睡早起的习惯。很多人在分享这个主题时，会讲自己是如何早睡早起的，以此来鼓励观众，一起做到早睡早起。

而人称换转法的技巧在于，即使我们是那个坚持早睡早起的人，在讲作息没有规律的部分，也要用自己举例，讲述作息混乱、作息不规律给自己带来过哪些困扰。而当我们分享早睡早起的好处，树立早睡早起的榜样时，要用别人来举例，或者把自己早睡早起的经历换到别人身上。最后呼吁大家，要向作息规律的人学习。

人称转换这个方法，在某种程度上，跟自嘲有点像，但是它们的区别在于，运用人称转换方法，在说自己不好的时候，会说其他人的好，或者在说自己的优点时，会把它包装成别人的优点，让观众更相信。

演讲中使用人称转换法有什么好处呢？

一、观众更容易接受和相信我们

人性当中有一个非常微妙的部分，当演讲者在台上分享自己的优点或者成功案例时，观众总是会抱有一丝丝怀疑的态度。

观众会想：这个人说的到底是不是真的？这个成功故事里有多少经过修饰和包装的成分？

但是，当演讲者分享自己的弱点和失败经历时，观众会毫无保留地相信他说的是真的，并且很容易被演讲者打动。

基于此种心理，要使用人称转换的方式能让观众更相信我们。

二、避免产生炫耀感

很多人在分享自己的优点或者成功经验时，往往因为尺度拿捏不到位，给现场观众造成炫耀的感觉。而用人称转换法，将优点和成功的经验转换到别人身上，就可以避免这个问题。

我们在演讲中说到自己的优点，本质上是希望大家从这些优点中学到东西。既然这样，我们把优点说成是别人的，一样能够达到这个目的。

所以，利用人称转换法，能避免给观众留下我们在炫耀的感觉。

三、更容易达到演讲效果

在演讲中，弱者的自省往往比强者的分享更有力度。比如，一个曾经两百斤、如今已经减肥成功的人，和一个研究减肥十年的专家，同时在演讲台上分享减肥主题。作为观众的你会更愿意听谁的演讲？

毫无疑问，大家更愿意相信那个已经减肥成功的人，愿意听他的演讲。因为他曾经有弱点，他之前的肥胖能够很直观地给观众带来冲击。观众看到他的时候，会很容易产生这样的想法：他都愿意改变自己，我们为什么不能跨出这一步呢？观众会因此产生一系列积极并且有意义的思考，甚至开始行动。

当然，在这场分享中，肥胖的经历是这个人自己的，后来减肥成功的经历也是他自己的。因此，在使用人称转换法时，我们要根据情况来使用。

人称转换法，可以用来分享一些鸡毛蒜皮的事情，或者与主题不高度相关的事情。比如，我受邀去学校演讲时，就经常说自己当年写字难看、上课不认真听讲、上课偷吃零食等缺点，这些缺点不一定都是我的，但这非常有利于拉近我与观众的距离。当我真正开切入主题时，会把我在演讲中的经验毫无保留地分享给大家。当然，我也会提到自己作为演讲初学者时遭遇到的困难，以此与观众产生强烈共鸣，赢得观众的信任。

当我们在台上演讲时，不要试图把自己装扮成一个强者，那对自己没有多少好处。要适当地让自己成为一个"弱者"，让观众更喜欢我们。

当我们的演讲内容有教育成分，或者我们在传递某种价值观、分享某项经验时，可以试试人称转化法，从而避免陷入说教模式。

🎤 一开口,就和观众产生了距离感?

前文已经提到,在演讲中分享成功的经验,容易给人造成炫耀的感觉,也容易陷入说教模式。总结起来,都是和观众产生了距离感。想要拉近与观众的距离,还有一个小妙招,就是讲自己低潮的、失败的或者出糗的事情。

马云说:"我不喜欢研究别人怎么成功,因为成功的因素千千万,你无法复制。我喜欢研究别人怎么失败,因为失败的原因就这么几个,我研究透了,再尽量不要重复他们的错误。"

马云在启动大项目的时候,也更喜欢用失败过的人,而不是常胜将军。他认为失败过的人更能够居安思危,常胜将军则容易粗心大意。

从马云的态度中很容易看出,失败是一件很正常的事情,几乎没有人能避免失败。而且,失败也是一种展现能力的机会,从失败中有所收获,才会更容易接近成功。

另一方面,因为每个人都无法避免失败,并且观众更喜欢听我们失败的故事,因为他们希望看到我们如何面对失败,以及如何从失败中取得成功。所以如果我们在演讲中只谈成功,不讲

失败，就会让观众感觉我们不够真诚。

坐在台下的观众，大多数并不是在事业上有巨大成就的人，通常都是普通的工薪阶层。面对这样的观众，一味地分享成功的经验，观众很难真正体会。比如，我们讲公司如何上市，很多观众都没有将企业经营到上市的经历，自然不会对演讲内容产生共鸣。但是，如果我们讲自己在带团队的过程中，因为没有好的沟通能力而错失了一笔订单，这就更容易让观众产生共鸣。因为很多人都有带领团队的经历，即使没有，也都是团队中的一分子，对团队在工作中面临的具体问题，都有过一定的切身体会。

所以，讲失败的经历更容易抓住人心，更容易引起观众的共鸣，拉近与观众的距离。而且，人在展示自己脆弱的一面时，反而是他强大的时候。一个人在台上把姿态放得越低，他在观众心中的形象就越高。

那么，如何通过讲失败的事情获得听众共鸣呢？

一、表达失落的情绪

在《超级演说家》的舞台上，我讲过我扮演吉祥物的经历。最初加入啦啦队队伍时，整个团队除了我是男生，其他人都是女生。我感觉自己很难融入团队中，甚至觉得大家都在排挤我。

在讲述这段经历时，我坦言当时的失落感，表达了无法融入团队时的难过之情。这种失落情绪的表达，更容易引起观众的共鸣，让有过类似经历的观众，希望听我继续讲下去。

二、讲述采取的行动

失落之余，我开始反思自己的行为。终于明白，不是大家排斥我，而是我没有主动靠近大家。

于是，我开始主动帮助大家拎包，活动结束后第一个冲出去帮大家排队买饭。做出一系列努力后，大家很快就接纳了我。当我谈到女生们开始给我分享她们爱吃的零食、和我一起讨论明星八卦，甚至把她们最喜欢的面膜分给我用时，台下的观众开始鼓掌，并且，我还听到了很多人的笑声。

具体地讲述我们的行动，别人就很容易明白我们是如何一步一步从困境中走出来的。我们不仅要在表达失落情绪时提出一个他们感兴趣的问题，在讲述行动时也要阐述我们的解决方法。这样观众就会明白，问题可以被克服，并且知道如何克服。

三、总结收获

讲自己失败的事情时，要注意的核心点是：从失败的经历中学习到了什么，有什么意外的收获。我们从失败的经历中学到的越多，我们的失败就越有价值。

我有一位编剧朋友，他写过家喻户晓的影视剧。在一次演讲中，他谈到了他的婚姻。

他说："我跟我的伴侣从相识、相知再到最后的结婚，她带我尝尽了各种的酸甜苦辣。虽然最后我们分开了，但我仍要感谢这场婚姻。因为它给了我最宝贵的人生体验，也让我从中有了很多收获。"

他谈完他在这场婚姻中的收获，接着说："我觉得，虽然我们的婚姻没有走到最后，但这是一段成功的婚姻。很多人都会认为离婚意味着失败，但是这段婚姻它教会了我太多，也让我成长了太多。正是这段成功的婚姻，才让我有力量写出这么多作品。"

很多人将离婚定义为失败。但是这位编剧朋友不仅从婚姻中总结了人生经验，还重新定义了婚姻，以及人们眼中成功和失败的含义。他的演讲，给我一种眼前一亮的感觉，让我明白了失败的意义，厘清了失败与成功的关系。

电影《中国合伙人》中的黄晓明有一句经典台词：掉在水里你不会淹死，待在水里你才会淹死！你只有游，不停地往前游。
只有经历过失败的勇气，才是有厚度感的勇气。通过讲述失败的故事，来展现我们面对失败时的勇气，带给观众力量。

当我们在台上讲失败的故事时，我们就能拉近与观众的距离。当我们能够把失败的故事讲好，我们就能走进观众心里。

第六章

演讲开场
了解 6 项内容

🎙 自我介绍，试试这四款经典模式

演讲者上台的第一件事，就是做自我介绍。但遗憾的是，很多人并不知道怎么做自我介绍。

在我的演讲课上，学员在接受自我介绍训练之前，最常见的版本，就是说自己叫什么名字，现在从事什么工作，然后就没有然后了。

我们报上了姓名、职业、头衔，把自己介绍得明明白白，这样的自我介绍，看似没有问题，实际缺乏亮点，很难让别人对你印象深刻。

还有另外一种版本：大家好，我叫×××，我来自哪里，喜欢吃什么，喜欢做什么，喜欢的明星是谁，梦想是什么……说了一大堆，搞得跟相亲一样，恨不得把自己的一切都讲出来。

这样的自我介绍，虽然内容丰富了，但同样没有亮点，如果讲得太久，甚至还会让别人产生反感。

那要怎么做自我介绍才能让别人记住我们呢？

一、谐音法

自我介绍中不可缺少的因素就是你的名字。很多人上台后一紧张,连名字都忘记介绍了,讲了一长串,别人还不知道你是谁;或者只是简简单单地说一句"我叫×××",一带而过,效果很平淡。

介绍名字的时候,利用谐音法,更容易给别人留下想象的空间,留有余味。

我有一位学员叫刘雨,他在做自我介绍的时候,利用谐音法,让大家一下子就记住了他。

> "大家好,我叫刘雨。'刘'不是流星雨的'流','雨'是流星雨的'雨'。我告诉大家一个秘密,经常喊我的名字,或者经常见到我,能带来好运。因为凡是见到流星雨的人,这辈子都会好运连连!请大家记住我,我是能带给你好运的刘雨。"

二、诗词法

除了谐音法,介绍名字时还可以运用诗词法。

一种是押韵,前一句诗词的最后一个字要和你名字中的最后一个字押韵。郭德纲就用过这一招。在一次当众讲话时,他开口先说了一句诗,"床前明月光"。讲完了这一句,他停顿了一下,大家都等着他说下一句,然后他开口说,"我是郭德纲!"

话音未落，全场爆笑。

诗词法的另外一种方式是嵌合，你的名字刚好嵌在诗句中。比如我的一位学员叫刘方，她在做自我介绍的时候说，"所谓伊人，在水一方。大家好，我是刘方。"

运用诗词法做自我介绍，能够让别人很快记住你。

谐音法和诗词法，都更注重突出自己的名字。这两种介绍方法，比较适合自身经历不是很多的人。如果你本身有很丰富的经历，你的身上有很多明显的标签，你能给别人提供价值，那你在做自我介绍的时候，更适合以下两种方法。

三、标签法

运用标签法做自我介绍，要先看自己身上有什么标签，然后选择一个你最希望给大家留下深刻印象的标签，把它讲出来，并给这个标签加上一个故事，让大家对你的标签产生深刻的印象。

比如说：

"大家好，我是晋杭，是一个每天都会看书的人。因为我总是可以在看书这件事上收获很多的成长。

记得有一次，公司在开会，讨论如何更好地服务客户。正当大家都一筹莫展的时候，我站了出来，分享了许多落地的想法，就连老板都说，'真没想到，你能这么快拿出方案。'

其实，我心里非常清楚，如果没有平时看书的积累，我可能需要摸索很久才能得出经验。但是我通过看书，需要做的只是将书中前人的经验总结出来，运用到实际的工作中。这就是我为什么那么爱看书的原因。这就是我,每天都会看书的晋杭,很高兴在这里和大家相遇。"

运用标签法做自我介绍。给自己贴一个标签,然后讲一个与标签相关的小故事,加深大家对你的印象。

四、MTV 介绍法

MTV 介绍法,非常适合用在公开演讲中。

M 就是 me,代表我是谁。

T 就是 thing,代表我做过什么事。

V 就是 value,代表我能带给你怎样的价值。

合起来就是 MTV。

为什么要用 MTV 这个结构呢?

因为在演讲台上,很多人和我们是初次认识。所以,让观众迅速知道认识我们对他有什么帮助,就显得非常重要。

现在,我们来操练一下。

第一步,M,我是谁?

"我是晋杭,一名演讲教练。"

第二步,T,我做过什么事?

"我参加过《超级演说家》,拿过全国十强奖项,曾经受邀到党校和各大高校演讲。我现在的工作就是做演讲和教别人演讲。"

第三步,V,我能带给你怎样的价值?

"如果你有提升演讲的计划,你可以跟我联系,我一定会尽我所能,帮助你提升演讲能力。"

要注意的是,有些人身上有很多价值点。比如说,你是一名演讲教练，又是一名作家，同时还是一个非常棒的销售人员。在运用 MTV 法的时候，最好不要一股脑地把所有的价值点都讲出来，而是挑选一个观众最感兴趣的价值点进行介绍。挑选价值点时，要先看对方是谁，思考我们能给对方带来什么价值。不同的观众，有不同的需求，讲对方感兴趣、有需求的话题，才能创造出更多可能性。

自我介绍不单单是让别人知道你是谁，更重要的是让别人记住你。

惊艳四座的开场,都是这么来的

万事开头难,开场白作为演讲的开始,实在是太重要了。一场演讲,如果开场就没有抓住听众的心,那么后面无论做出多大的努力,都很难把观众的注意力拉回来了。所以,演讲之前,设计好你的开场白就显得非常关键。在设计开场白时,需要结合听众的特点和心理,采用能够走进他们内心的开场白。

这里我给大家提供几种开场的方式,大家在运用的过程中,要结合观众的特点,有选择地使用。

一、颠覆式

听众都很反感听到平庸的论调,甚至有些时候听到演讲者的开头,就能猜到他后面的台词是什么,无法引起听众的兴趣。

我听过一场演讲,演讲者的开篇是这样的:"今天,我想给大家送上一个真心的祝愿,希望大家一帆风不顺。"全场观众立即哗然,"一帆风不顺"并不是表达祝福的常理。接下来,演讲者继续说:"我也很想祝大家一帆风顺,但真实的人生里,一帆风不顺才是常态。我送出这样的祝福,是希望大家在生活中练就面对坎坷的勇气,拥有挑战风浪时的决心。只有具备了这样的能力,你才能真正把握自己的人生。"这样的开场,第一句话如平地惊雷,激起大家的好奇,后面又阐述人生道理,让人在震撼之余,感到叹服。

颠覆式开场用得好,舞台效果是非常令人震撼的。但需要注意的一点是,在运用这种方式时,要把握好分寸,不能为了颠覆而颠覆。刻意说一些生拉硬扯的东西,会让观众反感。

二、故事导入式

故事导入式开场白很容易调动听众的注意力,因为比起讲理论,大多数人更喜欢听故事。

我在上学的时候,就对这一点有深刻体会。老师讲知识点时,我总忍不住打瞌睡,只要一讲故事,精神立马就来了。尤其是讲笑话时,我比谁听得都认真。

美国总统奥巴马的演讲,很多都是用故事法。他不会一上来就告诉大家今天演讲的内容是什么,而是可能会跟大家说:"我今天出门的时候,我的孩子拉着我,他跟我说……"

短短一句话,就会让大家开始注意听他的演讲,等他故事讲完,才知道原来他是想通过讲这个故事引申出多关注儿童的主题。

用故事开场,比直接说"大家好,今天我想跟大家演讲的主题是关注儿童"更加生动,也更能引发大家的共情。

用故事法开场,要注意两个点:

1.在故事的选择上,要选择距离大家生活比较近的。越贴近生活,越能产生共鸣感。奥巴马喜欢用自己家里的故事,马云也喜欢用办公室的故事,如果你用的案例距离大家的生活太远,那么大家也很难进入你的演讲。

2.故事的篇幅不要太长，小故事即可，控制在 2 分钟左右效果最佳。

三、引经据典式

有很多演说家喜欢在开场的时候直接引用新闻或者某项调查数据为自己的演讲作铺垫。

很多讲婚姻情感话题的演说家在开场时，喜欢引用不同年代、不同国家、不同地区的离婚比例，然后通过数据来引入要探讨的婚姻话题。

选择材料时，要注意两个点：

1.被引用的材料要有说服力，最好出自官方，可查阅。

2.被引用的人物故事最好是大家都熟悉的名人，这样有权威感，不需要我们做过多解释。

四、道具式

开场时，可以用一件道具吸引大家的注意力。这个道具不一定是非常大的东西，可以是你身上的一件小物品，如打火机、鞋、衣服、笔等。

> 美国有一个演说家曾经拿出一张面值 100 的美金放在地板上，问大家会不会拣，大家说会。然后他踩了两脚，问大家会不会拣，大家依然说会。然后他说："做一个有价值的人，哪怕别人踩你、误解你，你也不会受到影响。"这样的开场，赢得了全场的掌声。

我见过一位年纪稍大的演讲者,他在上台时,手上拿着一块手表,他说这块表已经不走了,但是还是戴着它。这个时候全场都很诧异,为什么他会戴着一块不走的手表?

然后他说,这是60年前他太太用一年的积蓄给他买的,作为他的生日礼物,亲手给他戴上。后来,他的太太去世了,这块表就一直戴在他的手腕上。再后来表的零件坏了,他想去修,可是因为太老旧,已经找不到合适的零件更换。尽管如此,他还是舍不得把它摘下来,每次看到它,就会想起和太太在一起的甜蜜时光。

最后他说:"要是时间能像手表一样停下就好了,我想永远停在她帮我戴表的那一刻。"

这句话一讲完,观众的眼泪都掉下来了。

一块手表,成功地延展出了一篇爱情主题的演讲。

五、历史今天式

在演讲前,可以用手机查一下,历史上的今天,有没有发生过什么特殊的事情。

有一次,我在高校演讲,那一天正好是历史上的革命性产品——第四代苹果手机发布的纪念日。

我在开场的时候是这样说的:"2010年6月8日,乔布斯在美国发布了一款极具创新性的产品……而今天,我在这里跟大家演讲,也想聊聊当下年轻人的创新问题……"

🎤 引爆全场的开场法,都在这里了

如果想在开场时与观众有更好的互动,可以试试以下几种方法。

一、制造悬念式

制造悬念不是故弄玄虚,而是吊足观众的胃口,吸引观众的注意力。在适当的时候,还要解开悬念,满足观众的好奇心,也让演讲的整体结构更完整,内容上互相照应,浑然一体。

> 有一场演讲,题目叫作"一次特殊的考试",演讲的开场是这样说的:"我是空军工程学院外语系的学员,从小学到大学,我不知道经历了多少次考试,有中型考试、大型考试,更有那决定命运的升学考试。考试对我来说,根本算不了什么。这一次次考试,我都顺利地通过了。

> 然而在不久前,生活却给了我这样一次考试:它不在幽静的校园里,而在险峻的翠华山巅。这里没有监考老师冷峻的目光,更不允许有反复的思考、半点的犹豫。这是生与死的考验!这是勇敢与怯懦的较量!"

这是一场怎样的考试呢?在这里,演讲者成功地制造了悬念,让人迫不及待地想要知道答案。

制造悬念的时候,需要注意的一点就是不能悬而不解,不能生硬地为了产生悬念而制造悬念,却不给出答案,让观众感觉莫名其妙。

二、问题式

每个人都有好奇心,当观众听到演讲者在台上发问时,脑海里会不自觉地去思考问题的答案。

所以,在开场就提出一个问题,既顺利地开始演讲,又能集中观众的注意力。

上演讲课的时候,我最喜欢在开场时问:

1. 大家觉得唱歌比较难,还是演讲比较难?

2. 大家觉得演讲的练习都有哪些误区?

3. 大家觉得时间短的演讲好讲还是时间长的演讲好讲?

我发现,用提问的方式开场,先让观众回答,再给出我的答案,会比我直接给出答案的效果更好。

当然,问题可以由观众回答,也可以是自问自答,还可以

暂时不答,作为一个悬念留到演讲结束。

不过,提出的问题要跟本场演讲的主题相关,不要为了提问而提问,否则观众会感觉自己被耍了。

三、游戏式

用游戏的方式引入演讲,也是一种不错的开场方法。

> 我在一次演讲时,先让观众双手交叉,然后问观众:"有谁是左手大拇指在上面的?"有一部分观众举手。我说,科学证明,这部分人情商高。举手的观众给了我热烈的掌声。接下来,我又问有没有右手大拇指在上面的人。另一部分人举手。我说,科学证明,这类人能赚大钱。于是,我又收获了一次掌声。接下来我又说,根据真正的科学调查,以上两种说法纯属调侃。全场观众哈哈一笑,达到了暖场的效果。

在设计游戏的时候,也有一些要注意的点:

1. 要简单,不能太难执行。

2. 不要涉及观众之间的肢体互动。有些演讲者喜欢选择需要彼此肢体触碰的游戏,其实这都是有风险的,有些女士会反感别人触碰自己,所以我们要尽量避免。

四、想象式

这是一种很高级的开场法。演讲者的第一句话就是"让我们想象一下……",接下来,演讲者就像魔术师一样,带领观众进入另外一个情境中。

比如,在开场时说:

"想象一下,你是一家公司的创始人,在公司上市那一天,你把自己打扮得非常得体,跟各方人士拍照。就在这个时候,一家媒体问了你一个问题,问你在奋斗路上,哪件事磨炼了你的心智。

听到这个问题的你,脑海中浮现出了很多的画面。可是因为缺少表达训练,你不知道怎样快速地组织自己的语言,结果你支支吾吾地说了一些场面话、官话、套话,而这一切被镜头前的投资人看到了,投资人失望地摇了摇头。请问,这个时候,你是什么心情?"

很多人想到这里,都会激发起训练演讲的欲望,因为不希望这样的情况在自己身上出现。

这就是想象的魅力。

五、赞美式

赞美式开场常用于比较官方的场合。可以赞美主办方对自己的邀请,也可以赞美现场的观众,或者赞美跟演讲相关的某个人。

使用赞美法有三个小技巧:

1. 赞美一定要具体到一件事,而不是冠冕堂皇的官方话语。

2. 尽量赞美小事,因为小事才能在小篇幅内完成。赞美大事在短时间内传递不出力量感,缺少铺垫。

3. 赞美的事尽量是大家没想到的。比如,你到学校演讲,赞美学校文化多好、校园环境多好，这些都是大家能想到的。什么事是大家想不到的，那就需要你花心思去探索和做功课了。

有一次，我受邀到福建警察学院演讲，团委书记董老师在中午接待我的时候，利用空隙时间主动向我介绍起了学生的情况。于是，我登台后的第一件事就是赞美董老师主动向我介绍情况的事情，因为有了她给我的介绍，我知道当天的演讲应该如何调整才能更贴近大家。这么一讲，既拉近了我跟观众的距离，又让学生对老师有了更深的印象，老师心里也会非常高兴。

六、承上启下式

承上启下开场法比较常见于接在某人后面演讲的情况。在开场时，先聊一下前面演讲者的某一个点，然后通过这个点引入自己的内容。

承上启下开场法能够很好地关照到前面的演讲者，而且还能给观众一种无缝对接的感觉，更能体现出你的现场发挥水平。

演讲的开场有千万种，不局限于上文谈到的这些。能够迅速吸引观众，自然地切入主题的开场，就是好的开场。

🎤 实在不知如何开场，还有一个小妙招

在上一节中，我谈到了多种演讲开场法。但是，仍然有学员对我说："老师，我在尝试那些演讲开场法的时候，总有一种照搬的生硬感。总觉得那些方法都不是我的，也找不到合适的角度把这些开场法和我的演讲内容结合起来。"有这种困惑的学员，通常是因为练习得太少，或者在演讲中缺乏自信，不相信自己可以把别人成功的方法复制到自己的演讲中。

我这里还有一个让你开口就能讲的适合新手开场的小妙招，还不用费心搜集素材，就是：讲一个你所在行业的小秘密。

以我为例，我之前是演员，演讲开场时，我会为大家分享一些演艺行业的小秘密。比如说，很多综艺节目里的观众掌声不是现场真实的掌声，而是在节目播出之前录制好、再通过剪辑的方式放进去的。

有一段时间，我还做过艺人经纪人。我也会为大家分享经纪人行业的小秘密。比如说，大家看到的非常疯狂的粉丝接机场面，看似是粉丝偶遇明星，其实大部分都是经纪公司故意透露消息给粉丝的，这样可以制造出一种受人追捧的感觉。

我发现，当我跟别人分享这些行业内的小秘密的时候，别人都听得津津有味。其实，这些小秘密，在业内人士看来，是非常普遍的现象，但对于外行人来说，却是意外的惊喜。

用行业内的小秘密作为演讲开场，有三种好处：

1. 都是自己熟悉的内容，所以能够让我们快速组织语言，不需要花费太多时间。

很多人困在演讲的开头，不知道如何突破。一些人知道要讲什么，但找不到一个合适的内容，光演讲开场的环节准备就浪费了大量的时间和精力。

讲行业内的小秘密，让我们在搜集素材方面不用发愁，开口就能讲。而且我们很有可能挖掘出大量适合演讲的话题。

2. 自己熟悉的内容能够带给别人价值，演讲自信也能建立起来。

开场讲行业内的小秘密，你会发现，原来我们司空见惯的内容，居然有那么多人不知道，并且对此感兴趣。当我们发现自己熟悉的内容能够给别人带来价值时，一定会越讲越有劲。在这个过程中，我们的自信心会逐渐建立起来。

用讲述行业小秘密的方式作为开场，讲得越熟练就越有自信，越有自信就讲得越熟练。

3. 讲行业内的小秘密，能迅速拉近我们和观众的距离。

我的学员中，有一个是健身房教练。在一次演讲中，他用几个塑身小方法作为开场，达到了很好的效果，其他学员还当场给到他非常正向的反馈。他才发现，原来行业内的小秘密能给别人带来价值，并且能迅速拉近与观众的距离。

自此以后，我的这位学员找到了演讲自信，也和很多热爱健身的学员成了朋友。

用行业小秘密作为开场，也可以结合前文讲过的开场方法。

一、结合故事导入法

假如你是做电商的，你的行业小秘密可能是：在线上商城，那些一讲话就卖萌，满口"亲"的卖家，大部分都是大老爷们儿。基于此，你可以讲述一个大老爷们儿为了卖出产品，用卖萌的方式和买家沟通的故事。这样的开场一定能够引爆全场，掌声雷动。因为这是熟悉的内容，你一定了解很多细节，所以将平时观察到的细节放在演讲中，更容易让你的开场戳中人心。

二、结合道具法

假如你经常混迹时尚圈，你了解到的小秘密可能是哪些奢侈品在哪里买最便宜，哪些品牌会在哪个季节打折，哪些品牌最容易买到假货等。

在以奢侈品行业的小秘密作为开场时，你可以借用一条手链或者一个包包作为道具，围绕这个道具，展开你的内容。当然，在讲述的过程中，可以结合故事导入法，让开场显得既直观又生动。

如果台下的观众中年轻女性更多，讲这方面的内容就非常适合。讲述的时候，要注意你的姿态，要和观众站在同一位置，而不是高高在上。这样会很容易拉近你与观众之间的距离，从而引起观众的共鸣。

用行业小秘密作为开场,可以结合的方法还有制造悬念法、设计游戏法、展开想象法等。

用行业小秘密作为开场,能帮助演讲初学者顺利跨过开场难的大关。当然,开场内容必须和演讲主题高度契合,否则会让观众产生割裂感。

比如,电商行业的线上客服很有可能是大老爷们儿,借这样的开场引申出职场上的不容易,比如为了工作,有时必须反串,突出"奋斗的青年最靓"的主题;以奢侈品的假货鉴别知识作为开场,借此引申出"奢侈品可能是假的,但生活和爱都是真的"这样的主题。

以行业小秘密作为开场,从熟悉的内容入手,这种方法能够帮助你降低演讲难度,顺利开启演讲之路。

🎤 开场有雷区,千万别说这三句话

平时,朋友会邀请我参加一些现场的演讲活动,只要有时间,我一定会去。在这些演讲活动中,我常常能学到一些新的知识,或者有新的感悟。

参加演讲活动的演讲者,有业内很有名的演说家,也有经验还不够丰富的演讲者。而在这些演讲新手身上,总是容易出现各种问题,包括在开场的时候。

现在,我们就来谈谈开场的三种雷区。

一、强调自己没有准备好

大多数演讲新手在演讲开场的时候,都喜欢说这样一句话:"不好意思啊,今天没怎么准备。"

虽然我明白,很多人讲这句话,是出于谦虚的态度,或者认为说自己没有准备好,就能降低观众对他的期待,如果他后面讲得还不错,观众就会有惊叹的感觉。但坦白说,在开场时说自己"没有准备好",或者干脆说自己"根本没有准备",这并不是表达谦虚的方法,反而会体现我们对观众不够尊重。这样的说法不但不能为我们的演讲加分，反而会减分。

每个人的时间都是宝贵的，观众希望听到的是一场精彩的演讲，而不是没有做好准备的演讲。当演讲者强调自己没有准备好时，观众已经本能地开始屏蔽他了，他们会觉得自己没有被尊重，并且预感不会讲得太好，甚至想要赶紧离开现场，毕竟谁都不想浪费自己的时间。

假如想表示谦虚，或者降低观众的期待，可以这样说："不好意思，这是我第一次演讲，希望大家能给我鼓励！"然后附上真诚的鞠躬，这样观众不仅会感受到演讲者的真诚，还能产生好印象。

二、强调自己可能讲得不好

和强调自己没有准备好相类似的一种说法，是强调自己可能讲得不好。比如，我在听现场演讲的时候，经常听到的一句话是："等一下我可能会讲得不好，请大家多多包涵。"

强调自己可能讲得不好，和强调自己没有准备好，在出发点上大体相似。但在演讲中，这样说很不合适。假如遇到较真的观众，他很可能会向你发起挑战："既然讲不好，那就不要讲啊。"虽然大多数的观众出于礼貌不会直接讲出来，但是他们心里很可能也是这么想的。

强调自己可能讲得不好，会让观众失去期待，心情也会受到影响。即使后面讲得精彩，观众也需要重新调整状态才能进入节奏。

而且，当演讲者强调自己可能讲得不好时，不仅是相当于给观众发射了一个消极信号，同时也是给自己发射了一个消极信号。这会让潜意识立即开始消极下来，整个人的精神变得松懈，很有可能真就讲不好。

从主办方的角度讲，当讲演者在台上强调自己可能讲得不好时，也给了主办方一个致命的打击。每个主办方都希望自己邀请来的嘉宾是响当当的，是可以给自己加分的。他们不希望看到嘉宾在台上灭自己的威风，掉他们的链子。我们的消极很可能会拉低主办方整场活动的正常势能，给主办方造成不好的影响。

可以说："这是我的第一次演讲，希望能给大家带来一场精彩的演讲，也给自己一个精彩的开始。"这样讲一样能够降低观众的期待，观众会愿意用更加宽容的心态听我们演讲，我们也给了自己一个积极的信号。

三、强调自己很厉害

上面的两种情况，都是过于自谦的人容易落入的雷区，下面这种情况，是过分自大的人容易出现的失误。

我见过一些演讲者，他们一上台就开始吹嘘自己，并且强调："如果你们今天不认真听我的演讲，你们的人生就没有希望了。很多人就是因为没有听我的演讲，生活才过得那么不好。"或者这样说："很多人都说我谈吐非凡，毕竟我是一名著名的教育家，也是知名的教授。在教育圈，没有人不认识我。央视和《人民日报》都采访过我，我也经常受邀到各大国企授课。我今天来到这里，也没有太多想讲的，主要就是想让大家看看真正的成功人士是什么样子。"

怎么样？作为读者，你读到这里，是否已经产生了一丝不适感？

强调自己很厉害，是演讲者最大的雷区。在台上，我们要塑造自己的形象，但这不代表我们要自我吹嘘。没有人喜欢看别人在台上高高在上的样子。过分夸大自己的能力，用目中无人的姿态演讲，其实是在拉远自己跟观众的距离。即使我们讲述的内容全部属实，也不适合用高不可攀的口吻演讲。再有成就的人，如果总是给人一种炫耀的感觉，最终也会失去所有观众。

人们说，好的开始是成功的一半。但在演讲方面，失败的开始，毁掉的不是一半，而是整场演讲。

第七章

演讲进阶
送你4条小锦囊

🎤 即兴演讲，你就讲三点

很多人看过综艺节目《康熙来了》，每一次节目播出，听众都会默默为嘉宾捏一把汗。因为小S的"麻辣"提问真的太难招架，很多嘉宾都不知如何回答。

> 侯佩岑参加《康熙来了》时，小S对她的情感问题进行了一连串的提问，小S问："确定要结婚之后，早期的一些朋友，谁有传简讯祝福？"侯佩岑笑着把难题抛了回去，说小S知道答案。平常反应灵敏的小S立马傻眼，两度擦汗，才说："我觉得礼貌上祝福应该是没什么关系啦！"答完，小S吓到脸都歪了，要侯佩岑下次不要来了，因为真的太难采访。

是不是很佩服侯佩岑的机智反应？

我们虽然不是明星，不需要面对综艺节目上的"麻辣"提

问,但工作会议中、商务场合上,或者是演讲台上,时不时都会发生小状况,说不定什么时候,就需要我们即兴发挥一下。好的即兴发挥,甚至可能比原本的演讲更出彩。

所以,我们专门来聊一聊即兴发挥。

即兴发挥,虽然名字叫"即兴",但其实,却不一定真的是临场发挥,也不一定是不经思考地脱口而出。俗话说:"台上一分钟,台下十年功。"很多时候,我们以为的"即兴"只是一种错觉,很多人台上的光鲜,都是台下默默付出后的成果。演讲能力需要长时间的积累,好的即兴发挥和好的正式讲话一样,都是长时间积累后的成果。

乐嘉老师告诉我:"你要时时刻刻做好上场的准备,你大脑里的弦要时刻绷紧,哪怕最后你没有上台,但是心里也已经把要讲的内容准备好了,这样你的演讲功底才会慢慢提升。"他的这段话,帮我养成了习惯。只要我参加活动或者公司的会议,我都会在心里默认我之后要发言。然后在心里打草稿,想好在当下的场合,该怎么表达更合适。

经过这几年的摸索,我发现,为即兴发挥作准备时,可以参考"凡事讲三点"这个小技巧。

一、凡事讲三点之过去、现在、未来

有一次,我参加一位学员的生日聚会,大家在一个包厢里吃饭,快要结束时,他表达了对在场朋友的感谢,最后,他很客气地把总结语留给了我。

他的话音刚落,大家都齐刷刷地看向我,我站起身来,马上

启用了"过去、现在、未来"的公式。我讲了过去我对他的印象，又讲了现在他的成绩，最后讲了我对他未来的期待。讲过之后，他很感动，在场的其他人也纷纷鼓掌。

"过去、现在、未来"的公式，是常用的一个公式，因为它几乎可以用在所有场合的即兴演讲中。

比如，公司会议上，我们可以聊聊过去我们遇到的困难，谈谈现在我们取得的成绩，侃侃我们对未来的畅想；朋友举办的活动上，我们可以聊聊跟朋友的感情，表达对朋友现状的肯定，以及对朋友未来的期待；正式的演讲场合上，我们可以谈谈自己过去的状态，说一说自己现在的改变，表达一下对未来的期许。

即兴演讲时，套用"过去、现在、未来"的公式，能够帮助我们快速组织语言，还不失逻辑性。

二、凡事讲三点之三个关键词

有一次，朋友邀请我去现场观看他的演讲。演讲结束后，朋友问我："听完我的演讲，你有什么感受？"我立马在脑海中组织了三个关键词：气氛、感触、联想。然后回答他："这场演讲最大的亮点，就是现场的气氛特别好。你用你强大的个人魅力和舞台展现力，深深吸引了我，也深深吸引了其他观众。你的演讲内容有很多让我深有感触的地方，而且你讲的内容看似简单，其实很有

> 哲理，听过之后，也让我产生了很多联想。"我顺着这三个关键词讲完，朋友眼里闪着泪光，看来我说到了他的心里。

在选择三个关键词作为即兴演讲的主线时，最重要的就是关键词的选择了。我们不能毫无原则地随便选择，而是要结合具体的情况，选择最适合的词汇，这就需要我们平时多留意，养成用关键词总结内容的习惯。

在选择关键词时，还有一种进阶的方式，就是让选用的词语，都有一个字是同样的，这样能增强节奏感。比如：心动、感动、触动。要让关键词更整齐，需要我们平时多练习。

三、凡事讲三点之一个关键词重复三遍

比如，我们选的关键词是：感动。那么就可以这么说："今天，我想跟大家分享三个感动。第一个感动是，我在化妆间时，其实有点小紧张。化妆老师看出了我的紧张，他一边帮我化妆，一边跟我闲聊，帮助我逐渐放下了紧张感。第二个感动是，我一上台，观众就给了我热烈的掌声，让我感觉像是回到了家，找到了归属感。第三个感动是，我讲完后，看到了主办方的老师们向我竖起的大拇指，我的心里忽然就涌起一股暖流。"

在每一次重复中，加入具体的事例说明，演讲就会显得很饱满，而且很有层次。

即兴演讲虽然叫"即兴",但与日常的训练是分不开的。想用即兴演讲给自己加分,就要在平时不断训练自己。"凡事讲三点"的技巧,可以帮助你更有效地进行训练,做好即兴演讲。

商务演讲,试试这两种演讲模型

很多学员跟我学习演讲,在工作方面的收益最快。无论是工作会议上的发言,还是商务活动上的讲话,他们的语言表达能力都有了很大的提升,也因此升职加薪。

在我的演讲生涯中,也接触过一些商务演讲。我发现,商务演讲方面,有两种可以套用的经典模型。当然,并不是说这两种模型只能用于商务演讲,而是由于它们独特的逻辑性,用在商务演讲中更合适。

一、PREP 模型

PREP 模型中的四个英文字母分别代表四个英文单词,依次是:point(观点)、reason(理由)、example(案例)、point(再次强调观点)。

PREP 模型,也可以说是"总分总"模型。它在开头和结尾分别亮出观点,中间部分给出理由并举例。

比如,我们想在一家企业中宣传学习演讲的重要性,套用 PREP 模型,怎么来讲呢?

第一步：point，开门见山地亮出观点。我们可以说："今天，我想分享的观点是，在当下这个时代，职场人士学习演讲是非常重要的。"开门见山地讲出观点，观众立马就能知道我们想讲的是什么，能用最快的速度抓住重点。

第二步：reason，讲出几个理由。比如，"为什么说职场人士学习演讲很重要？第一，通过演讲，我们更加有自信；第二，演讲是一对多的沟通，能让工作更高效；第三，演讲能够展示我们多方面的能力，促进我们技能和职位的双项提升。"我们讲出的每一个理由，都要很好地支撑我们的观点。如果我们的理由很有力，观众在这个时候就已经开始相信我们了。

第三步：example，举出引发观众共鸣的案例。比如，"我的同事小王，每次部门开会时，只要领导让他发言，他就会脸红，难得讲出几个字，还磕磕巴巴的。自从学习了演讲，说话再也不脸红了，而且非常流畅。现在，他经常在公开场合表达自己的工作思路，提出新的想法或建议，并且逻辑严谨，潇洒自如。很快，他得到了领导和同事们的高度认可。最近他帮公司谈下了一个大业务，顺利升任部门经理。"注意了，举例子这部分非常重要，因为观众永远不会平白无故地接受我们的观点，他们只会听我们讲的故事，然后从故事中相信我们的观点。所以，我们在举例子时，要结合观众的特点，要贴近大多数观众的生活，让他们感同身受。观众越能感同身受，他们就越会相信我们的例子，从而接受我们的观点。

第四步：point，再次强调我们的观点，并予以升华。我们可以这么讲："在座的各位职场同胞们，我认为学习演讲非常重要。

演讲能助力我们的职场发展，让我们的工作更加精彩，让我们的人生更加精彩！"这个观点就从开头的"学习演讲很重要"升华到"学习演讲能让我们的工作更加精彩，让我们的人生更加精彩"的高度，强化观点的同时，进一步促使观众展开行动。

PREP 模型的关键，是要开门见山地抛出观点，不要有半点犹豫。观点抛出后，紧接着讲出理由，理由可以是一个，或者是两三个。不建议给出太多理由，否则会不利于深入讲，观众的注意力也会分散。案例部分，可以讲自己的经历或故事或者讲周围朋友的例子，这样更有说服力。选择案例的原则是越普遍越好，越接近观众的生活越好，这样更容易引起观众的共鸣。最后再次重复和强调我们的观点，观点最好有一定的升华，这样更容易激发观众在演讲结束后采取行动的欲望。

二、SCQA 模型

SCQA 模型，其中的四个英文字母同样分别代表四个英文单词。依次是：situation（情境）、complication（冲突）、question（疑问）、answer（回答）。SCQA 模型的重点就在于提出问题，问题与观众的相关性越强，观众的注意力就会越高，演讲的效果就会越好。

假如我们在商务演讲中讲时间管理的主题，就可以套用 SCQA 模型。

第一步：situation，设定一个大家熟悉的情境或现象。比如，当观众中职场新人占大多数时，我们就可以选择这样的开场。"每一位刚毕业、才进入社会的职场新人，都期待通过努力得到职位的晋升。"在描述情境或现象时，一定要讲与观众息息相关的话题，要让观众听到开头就瞬间进入情境。如果观众连一开始的情境都进不去，那么后面再讲什么也没意义了。但如果大多数观众是在职场中打拼多年的人，则要换一套说辞，否则他们会认为我们的演讲与他们无关，就不会认真听了。

第二步：complication，在情境当中讲一个大家都容易遇到的冲突。比如，"为了更好地完成工作，我们需要学习大量知识。但这让我们没有时间发展兴趣、没有时间社交，更没有时间陪伴家人。"我们提出的冲突，一定要有一定的普遍性，要是观众很可能碰到的。如果我们讲的是低频率的冲突，那就很难引起观众的共鸣。

第三步：question，针对冲突提出问题。比如，"面对工作和生活的冲突，我们要怎么平衡？"提出问题时，我们要站在对方的角度。问题最好是大家普遍渴望得到解决的，而且渴望的程度越高越好。因为这样，观众的注意力才会更高。

第四步：answer，提出我们的解决方案。比如，"我们要学习更科学的时间管理方法。"我们给出的解决方案，一定要是可学习、可复制、有方法论的，不能是具有特殊性的解决方案。有些成功人士的成功经验只能在某些特定的情境下才管用，而我们给出来的解决方案必须在大部分情况下都管用，这样，大家才能通过行动解决问题。

乔布斯在发布会上介绍 iPhone 手机时，运用的就是 SCQA 模型。他先说市场上有很多其他品牌的手机（情境，situation），但是它们对大家来说都不好用（冲突 Complication），不好用在哪儿呢（问题 question）？iPhone 告诉你（回答 answer）！乔布斯运用 SCQA 模型，一步一步引导听众得出结论，最终自主选择 iPhone。

商务演讲是每一位上班族都该掌握的技能，我分享的两种演讲模型，能帮助大家更好地展现自己。模型跟建筑结构很像，打好基层建筑，才能在上面添砖加瓦。选择好的模型，列好演讲框架之后，填充内容就容易多了。

重视彩排，确保演讲效果

重要的活动都会有彩排的过程。彩排能够直观地呈现舞台效果，帮助我们发现问题。越专业的人，越重视彩排。黄渤作为一名优秀的演员，在参加综艺节目《极限挑战》时，准备演唱一首歌曲，歌词记得不熟练，工作人员安慰他说："差不多了。"黄渤一本正经地回答："把'不'字去了，差多了！"并戏称自己要在短时间内牢记歌词，正是"极限挑战"。

> 2020年4月份，我有幸收到市长的邀约，邀请我一起为泉州线上产业直播节活动做直播。
>
> 我应邀来到市长办公室，市长对我说的第一句话就是："晋杭，我们抓紧时间彩排一下吧。"
>
> 在彩排中，市长的态度非常认真，并且很虚心地询问了我很多细小的事项。彩排结束后，我对第二天的直播信心满满。让我惊喜的是，直播时的效果竟然比彩排时呈现的效果还要好。

演讲力
掌控人生关键时刻

> 活动结束后,我对商务局长说:"今天市长的表现真的震撼到我了,真没想到,竟然比我预料的更好。"
>
> 局长把我拉到一边:"昨晚彩排结束后,市长把你说的要点认认真真地记了下来,每一条都在稿子里做了详细的标注,又把彩排中发现的问题一一梳理了一遍,这才放心休息呢。"

我看过一本书,叫《清单革命》,这本书给了我很大的启发。书里面讲述了许多故事,其中有讲一家叫作约翰·霍普金斯的医院的故事。最初,这家医院静脉置管的感染比例有11%,后来,他们为静脉置管工作列出了关键步骤清单,让感染比例下降到0。在使用清单的一年内,避免了四十三起感染和八起死亡事故,为医院节省了两百万美元的成本。

清单不仅是一份操作手册,更是一种思维的革命。看完这本书后,我就思考:在演讲的彩排方面,是不是也可以列出清单?后来,我就为自己准备了彩排清单,每一次彩排,都按照清单一一进行,避免漏掉关键环节、出现不必要的意外状况。彩排清单帮我大大节省了思考时间,也让我的每场演讲进行得更加顺利。

那么,彩排清单包括哪些内容呢?

一、查看音响、麦克风是否正常

查看现场的音响、麦克风等设备是否正常,是演讲前最重要的事情。什么都可以出错，但唯一不能出错的就是麦克风，因为它决定了我们的演讲能否顺利进行。特别是一些不经常举办活动的场地，麦克风不经常用，可能会出现声音过轻、噪声大、有回声、存在信号干扰等问题。彩排时，要首先检查麦克风是否正常，如果发现问题，及时联系主办方进行处理。

二、确认翻页笔的控制范围以及大屏幕尺寸

有些演讲场地有大屏幕等设备，我们的演讲就可以配合PPT进行。在彩排时，确认好翻页笔的控制范围，我们就知道最远可以走到哪里，依然可以控制PPT。

另外，根据现场大屏幕的尺寸，调整PPT的尺寸，给观众呈现出最好的视觉效果。我遇到过这样的现象，事前主办方告诉我的大屏幕尺寸与现场实际尺寸不符。彩排时及时发现问题，在正式开始之前将PPT作好调整，避免不协调的问题发生。

三、确认热场、登场的背景音乐

一个好的演说家，会把观众入场之后的听觉感受考虑进去。每次演讲前，我都会根据演讲内容挑选合适的音乐，彩排时结合现场情况近一步甄选，并与相关工作人员沟通，确保音乐可以正常播放。

现场播放的音乐，分为开场前的音乐、演讲者上台时的音乐以及演讲过程中的音乐。观众在等待开场时听的音乐，最好与现场的场地、演讲的主题等相匹配；演讲者上台的音乐要有一定的个性，给观众耳目一新的感觉；演讲过程中的音乐要搭配演讲内容，增强演讲效果。

每一部分的音乐都需要在彩排时与工作人员确认，确保准

确无误。

四、跟工作人员对所有的流程

演讲的过程中，我们需要音乐和灯光的配合。在准备演讲时，我们可能会设想使用什么音乐以及如何调整灯光，但现场的实际情况很可能与我们设想中有出入。我们需要在彩排时与工作人员进行沟通，调整出最适合现场的效果。

五、跟主持人确认介绍词

彩排时，主持人会告诉我们何时上场，以及相应的注意事项。除了牢记这些，我们还需要与主持人重点沟通的一件事，就是确认介绍词。

站在主办方的角度，主持人可能会把我们"捧"得很高，以显示活动的含金量。但实际上，这并不利于我们的演讲。因为观众对我们有了过高的预期，就会产生挑战心理，他们会想："这个人这么厉害，看看他上台会讲些什么。"一旦我们讲的内容没有观众预期得那么高，演讲效果就会大打折扣。

相反地，每一次彩排时，我都会让主持人把给我的冠冕堂皇的头衔去掉，用一个我和主办方之间的小故事做开场，这样既能帮我增加亲和力，也避免让我顶着巨大的压力登台。

六、确认登场的路线

演讲舞台，可能会有三个方向（左、中、右）可以上场，我们要在彩排时与主办方沟通好，结合我们自身的风格习惯、现场观众的人数及座位安排、上场时的背景音乐等各方面因素，确认一条最合适的上场路线。

七、确认休息室、洗手间的位置

在彩排时,确认休息室和洗手间的位置。虽然这件事看起来不那么重要,但与我们有很大关系。万一有小状况发生,可以及时去到相应的地方处理,避免发生尴尬的事情。

八、跟主办方负责人确认流程有无变化

当我们完成了上面的流程之后,最后一步就是再次跟主办方确认流程是否有临时调整。有些情况下,主办方会临时变更流程,如果没有及时告知我们新的流程,可能会出现意外状况。

在彩排时,我们要尽可能了解所有的流程,做到心中有数,才能最大程度地保证演讲效果。

以上所有的清单流程,都是为了让我们在彩排这个环节尽可能做好充分准备。我们准备得越充分,心里就越踏实,现场发挥的效果就越好。

🎙 重视复盘，一次更比一次好

我做明星经纪人的那几年，发现很多艺人都有一个共同点，就是他们做完一个直播通告之后，马上会去微博上看别人给自己的评论，虽然嘴上不承认，但却用实际行动证明了"我很在意"。不仅是明星，演讲者也是如此。无论是上市公司的董事长，还是知名演说家，或者是任何一位普通人，演讲结束后，都会在意自己的演讲效果。有些人嘴上不说，心里还是会这样想。

其实，在意自己的演讲效果，这是很正常的。每个人都想知道自己给别人留下了怎样的印象，或者为别人带来了怎样的影响。我们不必刻意回避这种心理，最好的方式，是把这种好奇转化为复盘的方式。演讲结束后，我们可以直接去问观众，听听他们给我们的反馈。这样，一来能满足我们的好奇心，二来可以知道我们还有哪些可以提升的地方。

我问过很多人，演讲结束后，会不会好奇自己给别人留下的印象。大家的回答都是肯定的。但当我问起"你会不会亲自问观众对你的印象"时，结果让我非常惊讶，90%的人表示不会。

在我看来，询问观众的反馈，是一种最及时也最直接的复盘方式。而忽略观众的反馈，相当于错过了一次宝贵的成长机会。

一、及时复盘：询问观众的反馈

演讲结束后，最好及时来到观众面前，询问观众对我们的印象。在向观众提问时，也要讲究提问方式。我们可以这样问："你对我的演讲有什么感受？"但绝不能这样问："你觉得我的演讲有什么问题？"

我在录《超级演说家》的时候，有一次，乐嘉老师团队中的一名学员在演讲完后，乐嘉老师让他去问观众对他的印象，而没有直接告诉他结果。比赛结束后，这名学员提前跑到门口，向每一个观众提问："你对我的演讲有什么感受？"他把观众讲的话全都记录下来，最后他发现，观众讲的跟他自己认为的大相径庭。

有些人会比较敏感和客气，如果我们直接问别人"我有什么问题？"大多数人都不太愿意说出真实的想法。我们在提问时，不要给观众压力，要让他们自由发挥。如果观众依旧在说客气话，我们可以继续追问："你觉得我有什么需要提高的吗？"一般情况下，观众都会给我们提一些建议。

听到观众的反馈后，千万不要"玻璃心"。即使我们并不认同观众的说法，也不要和观众辩解，只需把观众的反馈记下来，并真诚地表达感谢。

很多人在听到别人给出的建议时，只要不如自己的意，就立马跳起来，争辩和解释的言语喷薄而出，不辩倒对方誓不罢

休。长此以往,就不会有人愿意给我们提建议了。我们在询问别人意见时,一定要摆正心态,问问自己:是想听建议,还是想听"想听"的建议?

> 2017年,黄国伦老师在鸟巢的演唱会结束后,他没有去参加庆功宴,而是带着他的夫人寇乃馨,跟我们一起在酒店里复盘整场演唱会。他挨个儿询问我们每个人的意见,并且全程都在用手机记录,不管我们提出什么意见,他都点头表示感谢。那天,我们一直复盘到凌晨五点,才各自前往机场离开。

当我们询问别人的意见时,无论是否认可,都要真诚地表示感谢。至于我们认为别人讲的不对的地方,也不要辩解,而是需要认真思考:为什么我们会给别人带来这样的感受?我们是不是有需要调整的地方?

二、阶段性复盘:总结过去一段时间的演讲表现

询问观众的感受,是一种及时复盘的方式。除此之外,我们最好还要进行阶段性复盘。

所谓阶段性复盘,就是每过一个阶段,都要对过去的演讲工作进行回顾和分析,并给予客观的评价。通过阶段性复盘,可以对自己做过的演讲进行从头到尾的审视,还能探索其他可能性,以取得新的提升。

按照一些固定的步骤进行阶段性复盘，可以避免"快思维"对我们的思考造成影响，导致复盘工作流于形式。

阶段复盘的四个步骤是 GRAI：

G 代表 goal，即回顾目标；

R 代表 rethink，即重演过程；

A 代表 analysis，即分析原因；

I 代表 insight，即探寻规律。

对每一位演讲者来说，没有哪一场演讲是十全十美的，我们多多少少都会有一些遗憾的地方。比如，演讲稿中出现了一些错误和纰漏，是自己原本没有发现的；准备了一个笑料或包袱，被打断之后，就忘记说了；以为能够吸引大家的部分，最后却没有收到想象的效果；灯光突然出现问题，引起现场的一阵骚动，观众的情绪很久没有回到演讲上来；分发资料的时候，突然发现宣传册不够了；自己想要结识的人，因为其他事的干扰而被忽略了……

以上可能发生过的事，或者我们发现的其他问题，都是我们要进行复盘分析的点，同时也是我们需要进行自我优化的点。这些就是我们在阶段性复盘过程中需要重点进行自我完善的地方。我们要针对这些问题进行深入分析，总结造成不完美的原因。或者思考下次再遇到类似问题的时候，最佳的解决方法是什么。如此进行阶段性复盘，我们的能力会逐渐提升。

当然，我们的优点也需要复盘。比如，我们用怎样的方式带动了现场的气氛；我们讲的哪个故事打动了观众的内心；观众对我们表达的哪个观点表示强烈的赞同和支持。这些闪光点都要总结下来，作为需要着重巩固的地方。

孔子曰："吾日三省吾身。"复盘和反省对每个人来说都很重要。因此，我强烈建议所有做演讲的人习惯进行复盘分析。复盘环节做好了，比我们多做十场演讲的收获还要多。